U0863659

保险理论与实践

Insurance Theory & Practice

2022年第1辑（总第67辑）

中国保险学会
INSURANCE SOCIETY OF CHINA

中国金融出版社

《保险理论与实践》编辑委员会

主　　任：董　波

副 主 任：龚明华　徐　晓

委　　员：（按姓氏笔画为序）

卫新江　王　和　王　稳　王国军　王晓军　邢　鹂
朱俊生　朱铭来　许　闲　孙　蓉　苏少军　李玉泉
李晓林　李晓翾　应惟伟　张　峭　张　琅　张跃华
陈秉正　周　军　郑　伟　段胜辉　姜　华　徐　晓
郭金龙　龚明华　庹国柱　董　波　董迎秋

主　　编：徐　晓

副 主 编：郝焕婷

编　　辑：施　敏　孟慧新　李　慧　王夏菲

联系电话：010-88337762/88337751-8024；88337781

传　　真：010-88337762/88337751-8026

联系地址：北京市西城区阜成门外大街1号四川大厦东塔楼14层

邮　　编：100037

投稿系统：http://bxls.cbpt.cnki.net

学会网址：http://www.isc-org.cn

微信公众号：中国保险学会iicbxzx

目 录

2022年第1辑 总第67辑

黑龙江省农业收入保险试点实践与思考

卢一鸣

［摘要］ 近年来，全国多地相继开展了水稻、玉米、大豆、棉花等作物收入保险试点，取得了一些经验，为下一步扩大开展政策性种植收入保险打下了良好的基础。黑龙江作为农业大省，也在多个地区开展了农业收入保险试点。本文以黑龙江部分地区农业收入保险开展情况为例，在实践和深入调研的基础上，总结分析了农业收入保险开展过程中遇到的问题，并给出发展的对策建议，以期为推广农业收入保险给予参考。

［关键词］ 农业；收入保险；“保险+期货”

［中图分类号］F840.66 ［文献标识码］A

自2007年政策性农业保险制度建立以来，我国农业保险快速发展，2020年保费收入已达815亿元，规模跃居全球第一位，2021年保费收入更是达到了965亿元。然而，与农业保险发达国家相比，我国的农业保险发展仍存在一定差距，不仅品种不够丰富、覆盖率不高，更为重要的是，保障水平依然较低。2016年，我国三大粮食作物保险金额约为369元/亩，只占生产成本的40%左右，与实际成本有较大差距，不仅难以满足农户需求，更是无法为农业的发展提供充分的保障。

［作者简介］ 卢一鸣，阳光农业相互保险公司党委副书记、总经理。

2021年12月25日，习近平总书记在中央农村工作会议上指出，保障好初级产品供给是一个重大战略性问题，中国人的饭碗任何时候都要牢牢端在自己手中，饭碗主要装中国粮。在粮食安全越发重要的背景下，提高农作物尤其是粮食作物的保障水平更为重要。

农业收入保险能够提高农户应对自然风险和市场风险的能力，可以更好地保障农户收入，稳定农业生产。美国于1996年开展农业收入保险，目前这一产品已经成为美国农业保险的主流产品。日本从2019年开始在全国范围内正式推广农业收入保险。我国也在不断地探索农业收入保险。2017年，中央“一号文件”提出，探索建立农产品收入保险制度。2018年，中央“一号文件”提出，要探索开展三大粮食作物完全成本保险和收入保险试点，加快建立多层次农业保险体系。要稳步扩大“保险+期货”试点，探索“订单农业+保险+期货（权）”试点。

近年来，全国多地相继开展了水稻、玉米、大豆、棉花等作物收入保险试点，取得了一些经验，为下一步扩大开展政策性种植收入保险打下了良好的基础。黑龙江作为农业大省，也于多个地区开展了试验。本文以黑龙江部分地区农业收入保险开展情况为例，在实践总结和深入调研的基础上，分析收入保险开展过程中遇到的问题，并给出发展的对策建议，以期为推广农业收入保险给予参考。

一、农业收入保险面临重要的发展机遇期

（一）符合国际通行规则

我国加入世界贸易组织时承诺减少农业生产者补贴、耕地地力保护补贴等直接补贴方式，农业保险保费补贴属于世界贸易组织规定的“绿箱”农业支持政策。开展农业收入保险，通过农业保险保费补贴支持农业，符合国际通行规则。

（二）收入保险需求逐年增大

国内粮食价格形成机制逐步市场化，玉米、大豆实行“市场定价、价补分离”的定价机制，小麦、水稻也逐渐趋向于取消最低收购价格制度，按生产成本加补贴的办法，实行“市场定价，价补分离”的政策。农户特别是新型农业经营主体享受的补贴虽然增加，但是却直接面临着自然灾害和市场价格波动的

双重风险，迫切希望得到保障程度更高、保险责任覆盖范围更广的保险产品，农民对农业收入保险的需求正逐年增加。

（三）政策保障力度加大

2019年10月，财政部、农业农村部、银保监会和林草局四部门联合印发了《关于加快农业保险高质量发展的指导意见》，明确指出，未来在我国农业保险保障体系中，收入保险将成为我国农业保险的重要险种。2021年6月24日，财政部、农业农村部和银保监会联合印发了《关于扩大三大粮食作物完全成本保险和种植收入保险实施范围的通知》，政策性玉米种植收入保险在全国13个粮食主产省正式开始全面实施。

二、黑龙江农业收入保险试点实践

黑龙江垦区农户单户种植面积相对较大，农业田间机械化程度高，种地投入大、风险高，一旦遭受大灾，农户将面临重大损失，因此他们对提高保障程度有非常迫切的需求。近几年，阳光相互农业保险公司（以下简称阳光农险）开展了收入保险以及“保险+期货”模式下的收入保险试点，取得了一定经验。

（一）收入保险

2017年，阳光农险率先在黑龙江垦区290农场开展了水稻收入保险试点。当年承保水稻收入保险面积47.3万亩，保费收入2601.46万元，提供风险保障5.54亿元，将水稻的保险保障由820元/亩提高到1170.2元/亩，保障价格为每公斤3.1元，基本满足了农户的需求。具体做法如下。

1. 实践做法

确定起赔产量。确定起赔产量是水稻收入保险中最重要的关键要素之一。通过调查290农场水稻前5年的单位面积产量，阳光农险与农场农业部门共同分析和测算，最终确定按历年平均产量的75%确定起赔产量，为377.49公斤/亩。按照条款相关规定，参保农户如果水稻单产低于377.49公斤/亩，就会得到赔付。

约定赔付价格。约定赔付价格是水稻收入保险中另外一个关键要素。为充分调动农户的参保积极性，经过与农场和农户的多次协商，阳光农险最后按国家发展和改革委员会公布的年度粳稻最低收购价，约定赔付价格为3.1元/公斤。农户对约定的赔付价格比较满意，认为较为公平、合理。试点起赔产量为377.49公斤/亩，约定赔付价格为3.1元/公斤，保险金额为1170.2元/亩。经分析测算，试点时采用了较低的费率水平，厘定费率为4.7%，亩保费为55元。保费分摊比例为中央财政补贴32.5元/亩，占59.09%；农场补贴5元/亩，占9.09%；农户个人承担17.5元/亩，占31.82%。亩保费55元中，超出直接物化成本部分的保费5元，全部由农户承担。

2. 赔付情况

2017年，受8月末狮子山台风及9月持续降雨影响，试点地区的水稻出现部分面积的倒伏，部分低洼地水稻出现发芽霉变、千粒重下降等受灾情况。9月末，经阳光农险和农户代表联合查勘和定损，最后确定保险赔款金额为2415.1万元，赔付率为92.8%，受灾获得理赔农户2866户，受灾农户户均赔款8426元，最多的农户共获得赔款119817元，保险赔款全部通过银行转账的方式，直接支付给受灾农户。

3. 取得经验

一是试点对水稻产量和价格风险进行了双重保护，在一定程度上起到了替代最低收购价的作用。二是保障水平由原来保直接物化成本大幅提高到基本覆盖水稻生产全部成本，锁定了水稻种植户的收入预期。三是对参保农户起到良好的增信作用。水稻收入保险保障程度高，减少了金融机构的放贷风险，相当于为农户增加了"贷款信誉"，促进了农村金融市场的发展。四是保险条款通俗易懂，农户很容易理解和接受。以理赔计算为例，只要保险水稻发生保险责任范围内的损失，且测定产量低于起赔产量377.49公斤/亩时，保险公司就按2016年粳稻最低收购价3.1元/公斤的标准赔付。

（二）"保险+期货"模式下的收入保险

2017—2021年，阳光农险开展"保险+期货"收入保险试点项目共计12个，承保作物面积462.3万亩，签单保费2.1亿元。其中，大豆项目试点承保347.9万亩，签单保费1.2亿元；玉米项目试点承保114.4万亩，签单保费0.9亿元。截至目前，累计向8.55万户次支付赔款1.25亿元，户次均赔款1458.7元，其中大豆收入保险支付赔款0.89亿元，玉米收入保险支付赔款0.36亿元。

1. 实践做法

“保险+期货”模式下的收入保险流程如下。

农户购买保险。农户向阳光农险购买农产品（大豆、玉米）收入保险，支付保险费，约定农产品（大豆、玉米）保险赔付价格。收入保险中约定的保险市场价格，为大连商品交易所在保险合同生效之后某月份一定期限内交割的农产品期货合约交易日收盘价的平均值计算而来。阳光农险收取农户保费，并出具保单。

阳光农险购买看跌期权。阳光农险向期货公司购买场外看跌期权，向期货公司的风险管理子公司交纳权利金，转移价格风险。

期货公司的风险管理子公司对冲风险。期货公司的风险管理子公司利用期货复制期权，将大豆、玉米价格风险分散到期货市场中。

三方兑现协议。在保险有效期内，阳光农险根据保单约定向农户支付收入保险赔款；期货公司根据对冲协议向阳光农险支付赔款。

以2019年黑龙江省农垦九三管理局（以下简称九三管理局）的“保险+期货”玉米收入保险以及2020年海伦市的“保险+期货”大豆收入保险为例，介绍试点情况及取得的经验。

（1）“保险+期货”玉米收入保险

2019年，阳光农险与浙商期货有限公司联合牵头，参与的大连商品交易所“农民收入保障计划”县域覆盖试点项目，共向九三管理局下属的9家农场共62个管理区提供风险保障，总计承保面积为56.67万亩，签单保费为4518.39万元，承保12119户次，保险金额为51343.32万元。具体的承保要素和保费补贴分摊比例情况见表1和表2。

表1　“保险+期货”玉米收入保险承保要素

单产（吨/亩）	价格（元/吨）	保险责任水平（%）	保险金额（元/亩）	保费（元/亩）	费率（%）
0.52	2050	85	906.10	79.74	8.80

表2 “保险+期货”玉米收入保险保费分摊比例

项目	中央财政	农场补贴	农户承担	项目补贴	合计
保费（元/亩）	35.75	5.5	13.75	24.74	79.74
占比（%）	44.83	6.90	17.24	31.03	100

风险对冲情况。总保值吨数29.47万吨，向期货公司支付权利金2259.4万元（76.67元/吨），最终期货公司期权对冲赔款为2004.85万元。收入保险的市场价格取值为：玉米C2001合约10月1日至10月31日收盘算术平均价（1845.28元）。

（2）“保险+期货”大豆收入保险

承保情况。2020年阳光农险与南华期货公司联合牵头，参与的大连商品交易所“农民收入保障计划”县域覆盖试点项目，共向海伦市15个乡镇提供风险保障，总计承保面积110.35万亩，总保费5186.5万元，承保39023户次，保险金额57169.94万元。具体的承保要素和保费补贴分摊比例情况见表3和表4。2020年海伦市大豆收入保险承保单产按照承保区域分为0.16吨/亩与0.17吨/亩两档。

表3 “保险+期货”大豆收入保险承保要素

单产（吨/亩）	价格（元/吨）	责任水平（%）	保险金额（元/亩）	保费（元/亩）	费率（%）
0.17	3900	80	530.4	47	8.86
0.16	3900	80	499.2	47	9.42

表4 “保险+期货”大豆收入保险保费分摊比例

项目	中央财政	省级财政	县级财政	农户	项目补贴	合计
亩保费（元）	6.4	4	3.6	5	28	47
占比（%）	13.62	8.51	7.66	10.64	59.57	100

风险对冲情况。2020年海伦市县域覆盖“保险+期货”大豆收入保险项目试点中，公司与南华期货、永安期货、新湖期货、鲁证期货、银河期货五家期货公司合作进行套期保值，总保值吨数14.35万吨，向期货公司支付权利金2682.45

万元（186.93元/吨），最终在期货市场获得期权对冲赔款971.5万元。收入保险的结算价格取值为大豆A2101合约9月16日至10月15日收盘算术平均价（4517.19元/吨）。

2. 理赔情况

2019年，遭受持续降雨和数次台风侵袭影响，局部地区受灾较为严重，自然灾害导致玉米减产的同时，非洲猪瘟疫情导致养殖业遭遇重创，饲料需求不振，玉米价格也随之下跌。2019年九三管理局玉米收入保险市场价格以大连商品交易所玉米C2001合约10月1日至10月31日收盘算术平均价为准，最终市场价格为1845.28元/吨。阳光农险总计向期货公司索赔2004.85万元，总计向农户赔付3483.75万元。在这种产量、价格双下跌的背景环境下，此试点项目带给玉米种植户的风险保障显得格外重要，切实保障了种植收入，让种植农户“受灾不受损、价低收入不低”，解了种植户的燃眉之急。

2020年8月下旬，受到台风“巴威”影响，部分地区出现作物倒伏、强降雨内涝情况，9月受台风“美莎克”和“海神”带来的风雨天气影响，部分地区出现作物大面积贴地倒伏及农田内涝，大豆处于鼓粒期，作物受灾害影响发生倒伏和折断，粮食产量受到影响。海伦市的“保险+期货”大豆收入保险在粮食市场动荡、自然灾害侵袭的情况下，保障农户收入不减少。最终获得受益28234户次，支付收入保险赔款3284.16万元。

3. 取得经验

一是巩固脱贫攻坚成果。海伦市原为国家级贫困县，是全国知名的产粮大县。2019年，在海伦市开展县域覆盖大豆收入保险试点项目，产生赔付9772.83万元，并助力海伦市在2020年2月脱贫“摘帽”。2020年再度开展县域项目，为海伦市巩固脱贫成果“扶上马再送一程”。试点项目充分体现收入保险保障农户种植效益的优势，最终赔付3284.16万元，在粮食市场动荡、自然灾害侵袭的情况下，有效巩固了海伦市的脱贫成果。二是增强农户风险管理意识。2019年，农户大多抱着尝试的态度参与试点项目，2020年，农户参与收入保险的积极性有了很大改善，自交保费比例较2019年显著增加，同时本次项目还将部分土地托管面积纳入保险范围，为托管农户提供保障。三是积累了收入保险经验。2019年九三管理局玉米收入保险为县域覆盖试点，由于该试点承保面积大，对应玉米现货量大，涉及农户多，为了保障服务能力，阳光农险在产品设计、费率厘定、系统开发、流程制订、定损创新、合规管控等方面，进行了更深入的探索研究，积累了宝贵的经验和教训，促进了新技术的全面应用，使收入保险体系趋于成熟。四是改变了传统的大面积灾害灾情查勘“人海”战术的打法，验证了3S技术[①]在种植保险定损中的可行性，3S技术在试点查勘定损中发挥了重要作用。

三、推进农业收入保险的思考

试点实践证明，收入保险较好地发挥了促进农业增效、保障农户收入、促进社会稳定的作用，受到参保农户和各级政府部门的普遍认可。然而，试点过程中也发现了收入保险存在的一些问题，本文给出相关建议。

（一）加强风险防范是开展收入保险的前提

收入保险的保险责任涵盖农产品价格、产量波动导致的收入损失，保险金额较高，保障水平最高可达相应品种种植收入的80%。以2021年《黑龙江省三大粮食作物完全成本保险和种植收入保险试点工作方案》（以下简称《方案》）为例，试点地区玉米收入保险亩保费为85元，亩保险金额为1074元，费率为7.91%。一方面，收入保险单位面积保险金额高，风险集中度高。另一方面，收入保险风险存在明显的系统性特征，一个地区的被保险人可能同时遭受自然灾害和价格波动带来的损失风险。这种系统性风险使一定区域内的被保险人的风险呈现高度相关性，从而无法通过大数法则在时间和空间上充分分散，形成超出预期的高额赔付，可能导致保险公司巨大亏损。2019年，阳光农险在黑龙江省海伦市开展的大豆收入保险共向被保险人支付收入保险赔款9773万元，简单赔付率为145%。因此，保险经办机构在开展收入保险时，要特别注意防范可能面临的巨额赔付风险。

① 3S技术是遥感技术（Remote Sensing，RS）、地理信息系统（Geography Information Systems，GIS）和全球定位系统（Global Positioning Systems，GPS）的统称。

建议政府部门选择地理位置较好，农业自然灾害损失程度较低的区域开展收入保险试点。保险经办机构在开展业务前，要做好风险评估，对区域潜在的自然灾害风险、价格波动风险和开展规模进行充分地研究和论证。

（二）开展标准化建设是推进收入保险的关键

试点过程中，还存在一些问题，主要表现在以下两个方面。

一是条款不统一。各保险经办机构自行报备条款，收入保险赔付方式有差异。例如，对于玉米收入保险条款，有的保险公司规定了被保险人玉米不同生长期绝产时的赔偿比例标准，绝产赔偿金额为保险金额乘以不同生长期赔偿比例。出苗期到拔节期、拔节期到抽雄期、扬花期到成熟收获期赔偿比例分别为40%、70%、100%。有的保险公司则没有规定不同生长期绝产的赔偿比例，农户受灾达到理赔标准时，赔偿金额为保障收入减去实际收入。条款不统一，导致赔付方式和结果不一致，容易引起矛盾和纠纷。

二是测产定损标准不统一。开展收入保险，需要准确测定被保险人保险作物的实际产量。一方面测定农作物的实际产量，至今在行业内没有一个统一的规范性标准。各保险机构只能根据相关的农业技术规范，自行制订农作物测定产量的方法。理解或采用的标准不一致导致各保险公司制订的收入保险查勘定损技术规范存在较大的差异。另一方面，行业内对于应用3S技术开展农业保险测产和定损，也没有制订出统一的技术标准和规范，在相关司法实践中，保险公司通过3S技术得出的测产和定损结果，往往也不被采信。这也给农业保险科技应用带来负面影响。

开展标准化建设是推进收入保险的关键，建议相关部门研究制订收入保险示范条款和查勘定损技术规范。

（三）建立灵活的费率调整机制是开展收入保险的保障

以2021年黑龙江情况为例，《方案》规定了玉米收入保险试点采取固定的保费、保额和费率，亩保费为85元，亩保险金额为1074元，费率为7.91%。虽然操作方便，但会增加经办公司的操作风险。开展收入保险试点的县域乡镇自然条件不一样，作物产量不一样、经办公司承保时价格、农民收获时价格也不一样，农户收入是不一样的。因此，采用统一的保费、保额和费率，试点单位面临的风险差异较大，如果固定的保额比农户收入还高，经办公司面临的赔付会增加，风险增大，会产生道德风险；如果固定的保额太低，农户受灾后获得的赔款不能满足需要，试点的可持续性会受到打击。

建议按照农业保险费率风险划分的要求，研究建立收入保险费率调整机制，根据实际情况确定费率、保费和保障水平，做到“一县一保额”，甚至“一乡镇一保额”，满足农户的保险保障需求，同时减少经办机构的经营风险，实现“农户得实惠、企业得发展”的双赢。

（四）分品种实施和渐进式推进是开展收入保险的发展途径

收入保险是推进农产品市场化改革的一项工具，只有在农产品市场价格放开，农户同时存在自然风险和价格波动可能导致其收入遭受损失的条件下，才能产生实际需求。在前期开展的水稻收入保险试点中，水稻最低收购价使农户实际上不存在价格风险，水稻收入保险实质上是提高了保障程度的产量保险。玉米和大豆的赔付价格实行了“市场定价、价补分离”的政策，才具有了大面积开展收入保险的可行性。因此，只有随着农产品市场的不断完善，农产品期货市场容量的逐渐扩大和交易品种数量的增加，收入保险才能不断地向前推进。

"3060"背景下我国碳保险发展路径研究

蓝春锋　陈恺琪　崔嵘　蒋佳骏　杜旻　谭英英

[摘要]　在碳达峰碳中和"3060"目标的背景下，我国围绕减碳目标作出了大量政策部署，碳保险在其中大有可为。本文阐明了碳保险的研究背景及意义，分别从绿色保险和碳金融两条路径进一步对碳保险内涵进行定义，对碳保险品种范畴进行了讨论。最后重点分析了当前碳保险的运行机制和未来碳保险的重点研究方向，指出了当前碳保险发展面临的四个困难，并提出了意见建议。

[关键词]　碳保险；碳金融；碳交易；绿色保险

[中图分类号] F840　**[文献标识码]** A

一、引言

（一）研究背景及意义

1. 研究背景

近年来，绿色低碳转型的理念逐步为大众所接受，成为国际社会发展的重要共识。2020年9月30日，国家主席习近平在联合国生物多样性峰会上发表重

[基金项目]　浙江省保险学会2021年度科研课题。

[作者简介]　蓝春锋，中国银行保险监督管理委员会湖州监管分局副局长；陈恺琪，现供职于中国银行保险监督管理委员会湖州监管分局；崔嵘，中国银行保险监督管理委员会湖州监管分局保险机构监管科科长；蒋佳骏，中国银行保险监督管理委员会湖州监管分局保险机构监管科副科长；杜旻、谭英英，现供职于湖州市保险行业协会。

要讲话指出：中国“二氧化碳排放力争于2030年前达到峰值，努力争取2060年前实现碳中和，为实现应对气候变化《巴黎协定》确定的目标作出更大努力和贡献”。此后，多个省份计划提前实现碳达峰，冶金、石化、水泥、钢铁等传统行业被重点监控，2021年下半年各省“能耗双控”成为热点。2021年10月24日，作为碳达峰碳中和“1+N”政策体系中的“1”——《中共中央　国务院关于完整准确全面贯彻新发展理念做好碳达峰碳中和工作的意见》正式发布，明确中央总体部署，“到2030年，经济社会发展全面绿色转型取得显著成效，重点耗能行业能源利用效率达到国际先进水平。”“到2060年，绿色低碳循环发展的经济体系和清洁低碳安全高效的能源体系全面建立，能源利用效率达到国际先进水平，非化石能源消费比重达到80%以上”。此前碳融资、碳信用等金融领域相对起步较早，而作为社会重要保障力量的碳保险也正破浪前行。

2. 研究意义

研究在碳达峰碳中和“3060”背景下的碳保险意义重大，是社会绿色低碳可持续发展的趋势和必然，碳保险的意义主要有以下几点。一是我国履行减排承诺的重要助力。2015年，在气候变化巴黎大会上，中国作出了四大减碳承诺[①]，为遵守《联合国气候变化框架公约》《京都议定书》《巴黎协定》，在减排过程中，国内清洁能源装机量的提升、森林碳汇的增加以及新的碳捕捉、减碳科技的发展过程都具有不确定性，需要碳保险与其他碳金融产品一道为企业提供风险保障。二是保险创新的必由之路。伴随着产业高质量转型、低碳化发展，现有的保险无法满足这些领域的投保需求，清洁能源技术的购买、碳汇的稳定输出、碳交易的履约等都需要纳入考量，有些碳保险领域的创新甚至可能是颠覆性的。三是保险业自我转型的提质优效。碳保险主要由财产保险公司承保，而我国的财产保险公司目前严重依赖机动车辆保险，尽管近几年在非车险领域有所探索，但非车险领域零散、不可持续、受众面窄的局限性较为明显，新的开源是当务之急，保险公司非车险转型恰逢碳保险巨大的市场前景下，这

① 2015年，中国在气候变化巴黎大会“国家自主决定贡献”中提出将于2030年左右使二氧化碳排放达到峰值并争取尽早实现，2030年单位国内生产总值二氧化碳排放比2005年下降60%~65%，非化石能源占一次能源消费比重达到20%左右，森林蓄积量比2005年增加45亿立方米左右。

是一个绝佳的机遇。研究碳保险现状以及如何发展有助于高质量实现"3060"目标。

（二）国内外文献综述

关于碳保险的可查文献目前仍较为有限，本文从两条路径对国内外相关文献进行归纳总结。

1. 从绿色保险到碳保险

李洪锐（2010）从发展观念、发展模式、发展环境、实现目标的角度阐述了绿色低碳保险与非碳保险相比的竞争优势，但认为当时仍处于理论探索阶段；杨桂龙（2021）通过对比王顺庆（2014）、王国军和庹国柱（2016）等研究以及相关论坛对绿色保险的表述，对绿色保险广义和狭义的内涵作出了新的定义，并以浙江湖州环境污染责任保险为例进行剖析，其定义的方式为碳保险定义提供了参考；冯爱青、岳溪柳、巢清尘等（2021）指出，为应对和适应气候变化，绿色保险对极端气候变化的损失风险进行分摊和补偿，为环境保护、碳交易以及生态工程项目提供风险保障，并从碳排放权的角度定义了碳保险；戴梦希（2021）认为碳保险是绿色保险中"帮助绿色技术创新成果的市场化应用"的一种，并将碳保险与光伏产品长期质量保险等并列。

2. 从碳金融到碳保险

Sonia Labatt和Rodney R.White（2007）首次较为完整地提出碳金融的概念，并在后续正式出版了Carbon Finance（2010）一书，介绍了碳金融的运作机制，告诉人们如何以金融方法解决气候变化问题；王倩、李通、王译兴（2010）指出碳金融是环境金融的分支，由于减排权证的发放有不确定性，碳保险的产生是针对交付各项环节不确定性进行的保障，并从清洁能源项目支付、森林碳汇等方面展开说明；张妍（2012）认为保险作为金融的重要部分，发展碳保险可以从改进已有保险、发展特色碳保险和加强保险资金介入低碳技术研发领域等方面促进我国低碳经济的发展；李濛（2013）论述了低碳经济给产业结构带来的变化，并通过SWOT分析法，以环境责任保险、森林保险、绿色车险、科技保险为例，对财产保险在这一领域的创新可行性进行了分析；李媛媛（2015）从中国碳保险法律制度构建的角度，认为碳保险是基于《联合国气候变化框架公约》和《京都议定书》人为设计产生的，蕴含巨大风险，《中华人民共和国保险法》（以下简称《保险法》）并未覆盖这一不可为保险，并面临着合同价值难确定、碳融资和交付在碳保险中缺乏制度安排、财产保险受益人需要凸显等问题，提出了在保险中加入ART原理、引入定值保险、对碳保险单独立法等意见建议；彭远汉、张璇（2017）从低碳保险的角度，认为当前我国低碳保险市场有效需求不足、发展滞后，保险公司需要以此作为新的业务增长点。

二、国内外碳保险的发展及运行情况

（一）碳保险的定义与内涵

国内外文献研究对碳保险的内涵存在较大差别，从“绿色金融——绿色保险”路径切入定义的碳保险内涵相对较为模糊，因为绿色保险当前缺乏准确的定义，并且如果单独摘取碳保险，则其他绿色保险的分类仍无明确的边界；而从碳金融角度切入的碳保险相对清晰，在碳保险是碳金融与其他碳金融细分并列的一个分支这一点上基本达成共识，只是在碳保险的内涵是否需要在碳排放权交付保障的内涵上进行拓展有所分歧，这种分歧还表现在例如是否把所有与环保低碳有关的行为都认为是碳保险。正如类似杨桂龙（2021）在绿色保险定义中指出的，保险机构本身的低碳运营与其他企业并没有显著差别，不应该纳入绿色保险，此种类似的情形也不宜纳入碳保险，过于宽泛的内涵定义反而丧失了碳保险应有之义。

本文对已有的类似概念进行了梳理，如表1所示。

表1　碳保险相关定义

提出人	年份	内涵定义
王倩、李通和王泽兴	2010	碳金融是环境金融的一个分支，是旨在减少温室气体排放以及转移碳交易风险的各种金融制度安排和金融交易活动，既包括碳排放权及其衍生品的交易、低碳项目开发的投融资，也包括碳保险、碳基金以及其他相关金融中介活动和碳交易币种的确定等制度安排。
张妍	2012	碳保险由碳交易保险、环境污染责任保险、森林碳保险以及其他传统保险升级达到降低碳排放目的的保险构成。

续表

提出人	年份	内涵定义
李濛	2013	低碳保险因为低碳技术的科技含量较高，研发过程、研发成果运用存在诸多不确定性，是引入低碳技术相关行业的科技保险。
李阳	2013	碳保险是保险业提供的低碳产品。
李媛媛	2015	碳保险是以《联合国气候变化框架公约》和《京都议定书》为前提，基于这两个国际条约对碳排放的安排而存在，或是保护在非京都规则中模拟京都规则而产生的碳金融活动的保险。
冯爱青、岳溪柳、巢清尘和王国复	2021	碳保险基于碳排放交易权的衍生发展。

参考上述定义，并结合碳保险发展实际，本文认为碳保险是为基于减少碳排放①所产生的特定交易、技术和行为提供保障、降低损失风险的一种保险。若所进行的交易、技术和行为主要目的并非减碳，但确有形成减碳效果的，可以采用碳保险附加条款的形式加入到传统保险中。

（二）碳保险相关的制度文件

目前，碳保险相关的法律法规不多，只有《保险法》《中华人民共和国大气污染防治法》和《中华人民共和国环境保护法》（以下简称《环境保护法》），2018年生态环境部审议并原则通过《环境污染强制责任保险管理办法（草案）》。此外，相关的规范性文件如表2所示。

表2　全国及浙江省碳保险相关规范性文件

文号	文件名
国发〔2006〕23号	《国务院关于保险业改革发展的若干意见》
环发〔2007〕189号	《关于环境污染责任保险工作的指导意见》
环发〔2013〕10号	《环境保护部　保监会关于开展环境污染强制责任保险试点工作的指导意见》
银发〔2016〕228号	《关于构建绿色金融体系的指导意见》

① 碳排放指煤炭、石油、天然气等化石能源燃烧活动和工业生产过程以及土地利用变化与林业等活动产生的温室气体排放，也包括使用购买外购的电力和热力等导致的温室气体排放。

续表

文号	文件名
银发〔2017〕153号	《中国人民银行　发展改革委　财政部　环境保护部　银监会　证监会　保监会关于印发〈浙江省湖州市、衢州市建设绿色金融改革创新试验区总体方案〉的通知》
银保监发〔2019〕52号	《中国银保监会关于推动银行业和保险业高质量发展的指导意见》
浙银保监发〔2020〕185号	《关于金融支持浙江经济绿色发展的实施意见》
杭银发〔2021〕67号	《关于金融支持碳达峰碳中和的指导意见》
浙发改规划〔2021〕189号	《省发展改革委关于印发〈浙江省循环经济发展"十四五"规划〉的通知》
国发〔2021〕4号	《国务院关于加快建立健全绿色低碳循环发展经济体系的指导意见》
	《中共中央　国务院关于完整准确全面贯彻新发展理念做好碳达峰碳中和工作的意见》

（三）碳保险的分类

碳保险三个环节包括碳排放前的减碳环节、碳排放后的碳汇环节，以及打通这两个环节的碳排放权交易，核心是碳排放权交易。

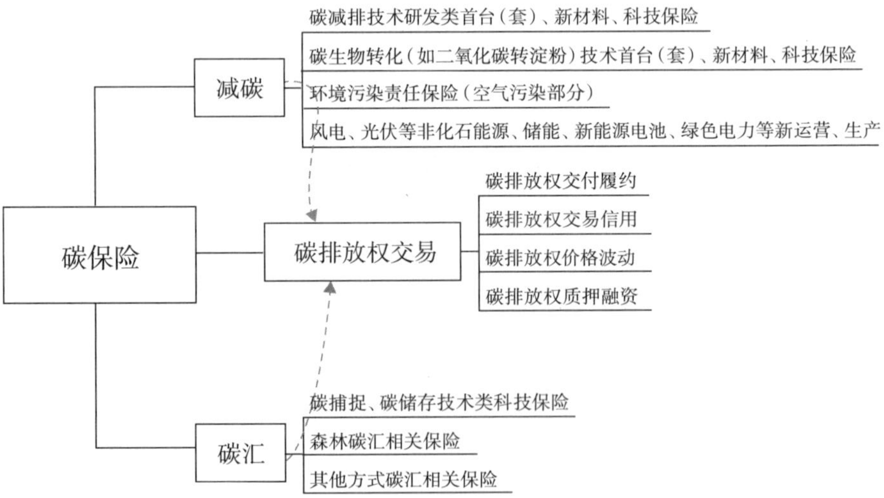

图1　碳保险分类

三、碳保险在“3060”背景下发挥的作用

（一）当前碳保险的运行机制

当前，气候变化逐渐加剧、资源消耗日益增多已成为全人类共同面对的严峻问题，对此，我国提出了“发展循环经济”的解决对策。2021年7月，国家发展和改革委员会发布的《“十四五”循环经济发展规划》明确指出“大力发展循环经济，推进资源节约集约利用，构建资源循环型产业体系和废旧物资循环利用体系，对保障国家资源安全，推动实现碳达峰、碳中和，促进生态文明建设具有重大意义”。发展循环经济有三项基本原则，即资源利用“减量化”、生产商品“再使用”和生产废弃物“再循环”，其中，“减量化”原则是最基本的，其要求在社会生产和消费过程中提升资源利用效率和可再生资源利用水平，即通过技术改造等途径尽量减少资源消耗和废物产生。然而，在建设资源循环型产业体系的过程中，必然会存在各种各样的风险和阻碍。

根据《碳排放权交易管理办法（试行）》，当一家企业被列入温室气体重点排放单位目录后，就应当“控制温室气体排放，报告碳排放数据，清缴碳排放配额，公开交易及相关活动信息，并接受生态环境主管部门的监督管理”，在这一系列活动中，企业及相关主体由于活动阶段、自身情况不同将面临多种风险。例如，企业在应用新型生产技术时，可能因生产设备的意外毁损而无法按时通过监管部门的认证；在参与碳排放权市场交易时，可能因交易对手违约无法按时向监管部门交付配额，也可能因碳排放权价格波动增加自身财务支出。在以碳排放权作为抵押物向银行融资时，不但企业需要面临上述风险，银行也将承担相应的后果。正是由于风险的客观存在，温室气体排放单位就有必要通过购买碳保险产品分散风险。碳保险是一种特殊的风险管理方式，可以有效保障各相关行业在助力经济循环发展过程中面临的风险，为我国持续发展绿色低碳循环经济体系保驾护航。

碳保险的作用机制可以归纳为以下四项。一是预防机制。保险公司会联动专业的第三方公司为客户提供风险防控服务，实时监控投保企业的温室气体排放水平，以预防和减少风险事故发生。二是赔偿机制。风险事故发生后，保险公司会向受益人赔偿保险金或者等价的碳排放权，帮助投保人控制减排成本，

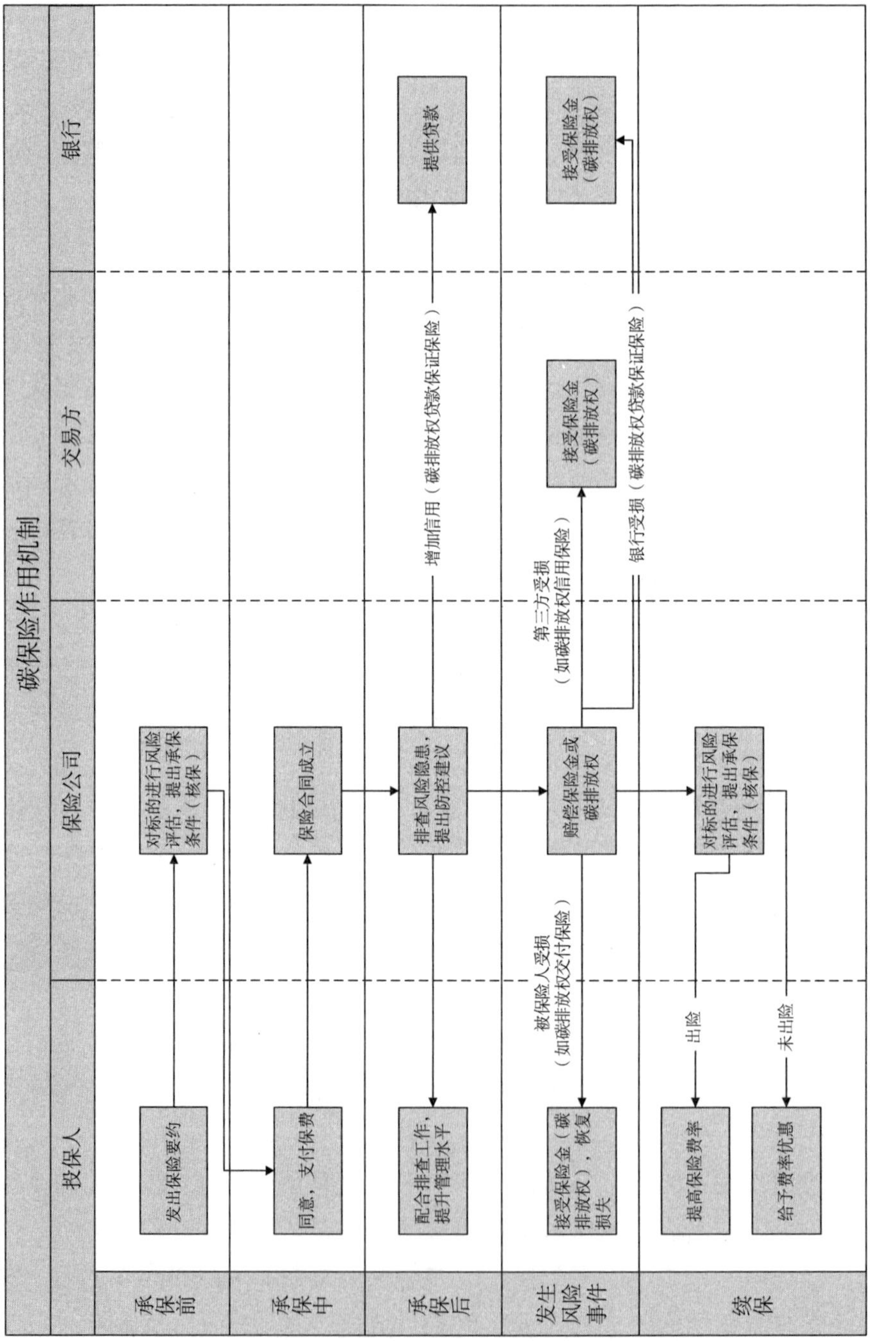
碳保险作用机制
投保人
保险公司
交易方
银行
承保前
承保中
承保后
发生风险事件
续保
发出保险要约
对标的进行风险评估，提出承保条件（核保）
同意，支付保费
保险合同成立
配合排查工作，提升管理水平
排查风险隐患，提出防控建议
增加信用（碳排放权贷款保证保险）
提供贷款
被保险人受损（如碳排放权交付保险）
接受保险金（碳排放权），恢复损失
赔偿保险金或碳排放权
第三方受损（如碳排放权信用保险）
接受保险金（碳排放权）
银行受损（碳排放权贷款保证保险）
接受保险金（碳排放权）
对标的进行风险评估，提出承保条件（核保）
出险
提高保险费率
未出险
给予费率优惠

图2 碳保险作用机制

增强财务稳定性。三是激励机制。在续保时，保险公司会根据上一保险期间内企业的风险状况，采取差异化的承保策略，如向未出险的客户提供费率优惠或附加权益，以提升企业的履约积极性，激励企业加快向低碳经济发展模式转型。四是增信机制。保险公司从经济制度上为碳排放权的交易、融资等活动提供风险保障，实质上起到了增强排放单位信用等级的作用。

（二）未来碳保险的创新方向

碳保险以《联合国气候变化框架公约》和《京都议定书》为前提，以资源环境价格形成机制下的碳排放权为基础，保护碳排放权核证交付、市场化交易。在碳排放权交易中，碳保险主要承保核证交付风险、交易信用风险、质押融资风险和价格波动风险。目前在国内，人保财险、平安财险已经针对碳排放权的核证交付、质押融资创新推出“碳保险服务协议”和贷款保证保险并成功落地。未来，针对碳排放权交易过程中的信用风险和价格波动风险，我国可逐步探索相应的信用/保证保险和价格指数保险机制，以确保交易企业的基本运营不因碳交易市场波动而产生重大影响。随着气候变化的不断加剧，未来将有越来越多的国家意识到保护环境和发展低碳循环经济的重要性，《联合国气候变化框架公约》对各个国家设置的温室气体减排目标也将随之升高，届时碳排放权的交易双方将不仅局限于国内的减排主体，而是世界上多个签署《京都议定书》的国家（地区）主体，因此，碳保险的承保地域范围也可扩展至全球多个国家（地区）。在承保形式上，除了将碳保险作为主要险种外，保险公司也可以通过其他险种的附加条款的形式承保。

1. 碳排放权交易信用/保证保险

为了按时向监管部门交付配额，企业会采取多种方法减少碳排放，但是由于技术设备、资金、经营策略等因素，总会存在一些企业无法达到碳排放标准，也会有一些企业的碳排放额度未用完，这时前者就可以通过购买后者超额的减排量降低自身的碳排放，碳排放权的市场化交易应运而生。

我国自2013年起就陆续设立了八个碳排放权交易试点地区，截至2020年末，各试点地区已累计成交碳排放权4.23亿吨，成交额达到98.1亿元。2021年7月16日，全国碳排放权交易市场正式上线交易，截至10月29日已累计成交碳排放权2020.2万吨，成交额达到9.08亿元。在如此巨额的市场交易过程中，难免存在信用风险，买卖双方都有可能因故无法完成交易，以此为契机，保险公司可以利用信用/保证保险机制为交易双方提供担保和承担风险。当有一方违约时，由保险公司代为赔偿另一方的损失，之后再向违约方追偿，这样不仅保证了碳排放权顺利交付，同时也降低了违约对生产经营造成的不良影响。

表3　2013—2020年中国碳排放权交易试点地区情况

试点地区	累计成交额（亿元）	累计成交量（百万吨）	历史均价（元/吨）
广东	31.7	153.3	20.7
湖北	19.6	90.1	21.8
北京	16.7	40.1	41.6
深圳	13.8	58.0	23.8
上海	10.8	45.7	23.6
天津	3.4	17.6	19.3
福建	2.0	9.1	22.0
重庆	0.1	9.0	1.1
合计	98.1	422.9	23.2

注：广东省的数据不包括深圳市。
数据来源：《2021年中国碳排放权交易市场行业概览》。

表4　2021年7月16日至10月29日全国碳排放权交易市场情况

交易类型	累计成交额（万元）	累计成交量（万吨）	历史均价（元/吨）
挂牌协议交易	30759.93	603.82	50.94
大宗协议交易	60055.57	1416.38	42.40
合计	90815.50	2020.20	44.95

数据来源：上海环境能源交易所，www.cneeex.com。

2. 碳排放权价格指数“保险+期货”

在碳排放权交易市场中，由不同因素造成的配额供需关系对碳交易价格的影响极大，因此存在较大的价格波动风险。从2013—2021年中国8个碳排放权试点交易市场行情K线走势图看，不同试点地区在不同的时间段的成交价格存在明显的差异性，如北京在大部分时间内的成交价格都要高于其他试点地区。深圳曾在2013年10月17日达到122.97元/吨的最高日均价，而重庆则在2017年5月3日达到1元/吨的最低日均价。从全国碳排放权交易市场行情图看，自2021年7月16日上线交易以来，碳排放权价格先涨后跌，同样出现了价格波动，最高于7月23日达到61.07元/吨的成交价，最低于10月27日达到38.5元/吨的成交价。不断变化的价格加大了相关企业对碳排放权交易的担忧与疑虑，不利于市场的健康发展，交易主体需要相应的金融工具管理碳排放权价格波动风险。

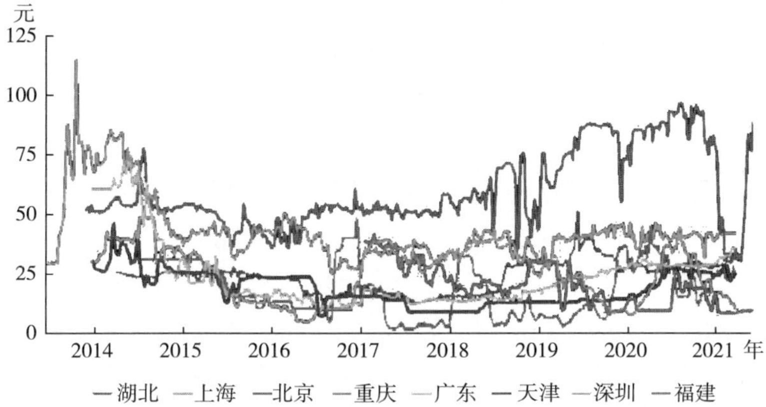

图3　2013—2021年中国8个碳排放权试点交易市场行情K线走势

（资料来源：中国碳交易平台，www.tanjiaoyi.org.cn）

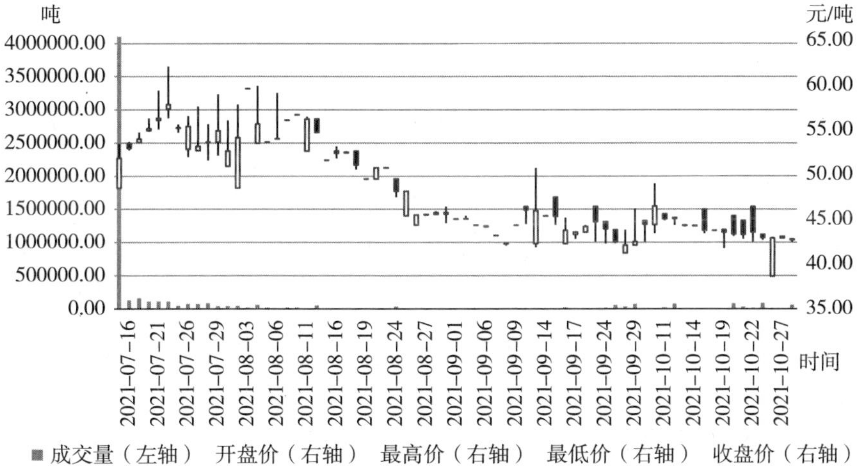

图4　全国碳排放权交易市场行情

（资料来源：上海环境能源交易所，www.cneeex.com）

保险公司可以利用期货套期保值、发现价格的优点，构建“保险+期货”模式对冲碳排放权价格波动风险，具体运作过程如下：相关排放单位向保险公司投保碳排放权价格指数保险，保单约定在保险期间内，当碳排放权平均成交价格高于/低于设定的价格指数时，由保险公司按照合同约定给予赔偿。保险公司向期货公司购买碳排放看涨/看跌期权，获得在特定期间内按照约定价格购买一定数量的碳排放权的权利。当风险事故发生时，排放单位会获得保险公司的赔偿，弥补因价格波动导致的损失，保险公司可以行使所持权利以约定价格买入/卖出碳排放权，避免自身的损失。当风险不发生时，排放单位虽然不会获得赔偿，但是其损失也是相当有限的，保险公司不需要赔偿，并且获得了一定的收益（收益=保险费-期权费）。

“保险+期货”模式实质上将碳排放权价格波动风险从排放单位转移到期货投资市场，可以有效帮助相关交易主体稳定价格预期，提升参与市场交易的积极性，最终形成多方主体共同受益的交易闭环。2021年9月，中共中央、国务院印发《关于深化生态保护补偿制度改革的意见》，指出“研究发展基于水权、排污权、碳排放权等各类资源环境权益的融资工具，建立绿色股票指数，发展碳排放权期货交易”“鼓励保险机构开发创新绿色保险产品参与生态保护补偿”，意味着我国已经迈出了构建“保险+期货”模式的第一步。

3. 国际碳排放权交易保险

碳排放权交易市场是在国家政策对碳排放的约束下，基于人为制度设计而存在的市场，而一个国家的气候政策可能由于战争、社会动荡、政权交替等多种因素导致变革，例如，美国曾于2019年宣布退出《巴黎气候协定》。这种政策的不确定性给国际碳排放权交易市场的发展带来了巨大的政治风险，此外，在国际交易中同样存在着信用风险和价格波动风险，总体风险巨大且难以评估，因此，针对国际交易领域的碳保险在中国至今空缺。不过随着未来国际间碳排放权交易的逐渐频繁，数据积累逐渐增多，我国保险公司可选择适时进入该领域探索承保路径。

4. 碳保险附加条款

在传统的企业财产保险中，当企业的厂房建筑、机器设备、生产商品发生意外事故时，保险公司会赔偿事故直接导致的财产损失。但当碳排放权成为一种资产后，意外事故将会给企业带来更大的损失。企业的财产，尤其是存放温室气体的容器或者交通工具（如运输车、船等）发生突发事件（如火灾、爆炸、雷击等），会造成温室气体短时间内高排放，这些突然增加的温室气体排放额将由企业"买单"。为了降低意外事故对企业造成的影响，保证企业的正常运作，保险公司可以向重点排放单位的企业财产保险提供碳保险附加条款，承保由保险合同载明的意外事故导致的碳排放权损失，并由投保人选择是否投保，以保证此保险责任的特殊性和投保的灵活性。森林保险也是同样的道理，保险公司可以提供碳保险附加条款，承保因森林大火、雷击或暴风雨而导致森林无法形成碳汇、实现已核定减排量所产生的风险。因此在图1中除碳交易环节的大部分保险是对原有保险的改造或特殊归类，适用于增加碳保险附加条款的形式。

需要说明的是，在一些文献中将低碳保险，为低碳排放生产设备、碳捕获设备提供的财产保险，为相关技术研发人员提供的人身保险，保险资金投向碳排放相关项目和产业，都纳入单列的碳保险的范畴，本文认为这些从广义上属于碳保险，但应体现在碳保险附加条款的范畴，其承保标的与其他类型标的并无明显差别，如设备损坏、低碳科技人员人身意外等。至于保险资金投向碳排放相关项目和产业，虽然确实起到了助力碳达峰碳中和的作用，但更倾向于是一种保险公司的投资行为，并非保险产品或者服务，在碳金融分支中应该属于"碳融资"范畴，故不能算是严格意义上的"保险"。《保险法》第二条对保险有明确定义，"本法所称保险，是指投保人根据合同约定，向保险人支付保险费，保险人对于合同约定的可能发生的事故因其发生所造成的财产损失承担赔偿保险金责任，或者当被保险人死亡、伤残、疾病或者达到合同约定的年龄、期限等条件时承担给付保险金责任的商业保险行为"。当然，随着技术和生产交易手段、环境的变化，《保险法》所述保险不排除内涵也可以扩展和延伸。

四、我国当前发展碳保险存在的主要困难

目前我国碳金融产品和服务创新不足，同质化严重，商业银行推出的碳信贷、碳债券、碳排放权抵押融资等信贷融资类产品占据市场主流，保险公司推出的风险控制类产品仍处在推广阶段，以试点较早的环境污染责任保险为例，

2016—2020年保费收入虽然持续增长，但一直低于责任保险平均增速，说明碳保险在发展过程中面临着诸多难题。

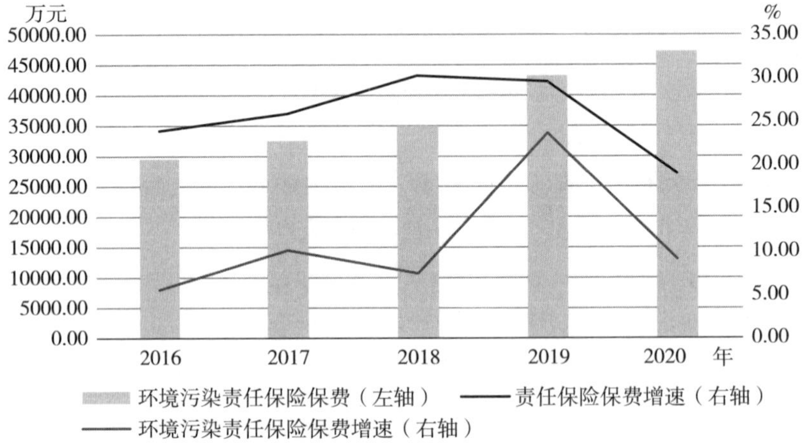

图5　2016—2020年我国环境污染责任保险保费收入

1. 法律政策支持力度不足

法律、政策等制度对创新型保险产品发展有极大的推动作用，但从我国碳保险的立法现状来看，仅《环境保护法》将“鼓励投保环境污染责任保险”列入了立法内容，其他碳保险产品缺少国家层面的法律支撑，未对相关企业是否投保形成制度约束，因此地方部门出台相关的试点推行办法或规章缺乏法律依据，开展碳保险试点工作面临无法可依的困境。此外，虽然目前有个别省市出台了指导意见或发展规划支持碳保险发展，但大部分停留在探索试点层面，仅对投保企业给予保费补贴，缺乏给予税收优惠、建立专项基金等深层次的支持措施。

2. 交易市场有效需求不足

我国虽然已出台强制性减排法规，但碳排放权交易的各种机制建设仍有待完善。现阶段我国碳排放权交易以现值交易为主，并未涉及远期交易，因此市场没有相关的风险保障需求。现值交易则集中发生在履约期内，在短期内市场交易量和交易价格迅速提升，而在非履约期内交易量极低，总体来看碳排放权交易市场规模较小。保险遵循大数法则，是集合多数风险单位提供风险保障的金融工具，当前碳排放权交易形式单一，交易量较低，市场对于碳保险有效需求不足，难以驱动碳保险快速发展。

3. 风险管理能力建设不足

碳保险涉及碳交易与环境风险评估、管理、损害鉴定等专业领域，而保险公司在这方面的专业化水平还不够。一方面，环境风险评估缺乏统一标准，技术方面存在空白。尽管生态环境部已经发布了《企业环境风险评估指南》，但其主要适用于环境应急管理中的风险评估，而许多碳保险产品更关注环境侵权损害带来的法律责任风险，因此保险公司在查勘定损与责任认定上存在困难。另一方面，保险行业存在信息壁垒，承保风险大。同一般的保险产品相比，碳保险作为创新型险种，对风险管理和控制有很高的要求，而现阶段我国还未形成完备的环境信息披露机制，保险公司无法取得足够的数据信息进行风险精算，增大了承保难度。

4. 保险公司产品供给不足

与传统的保险产品相比，碳保险发展时间较短，损失风险难以管控，进而导致碳保险在产品开发、费率厘定等方面存在缺陷，需要进一步完善。以环境污染责任保险费率为例，与传统的火灾公众责任保险相比，两者在保险责任、签单数量和单均保额方面均较为接近，但在单均保费、平均费率方面，环境污染责任保险均明显高于火灾公众责任保险。2016—2020年，火灾公众责任保险的费率较为稳定，而环境污染责任保险的平均费率一直在下降，也说明了以环境污染责任保险为代表的碳保险产品不够完善，保险费率仍有调整的空间。

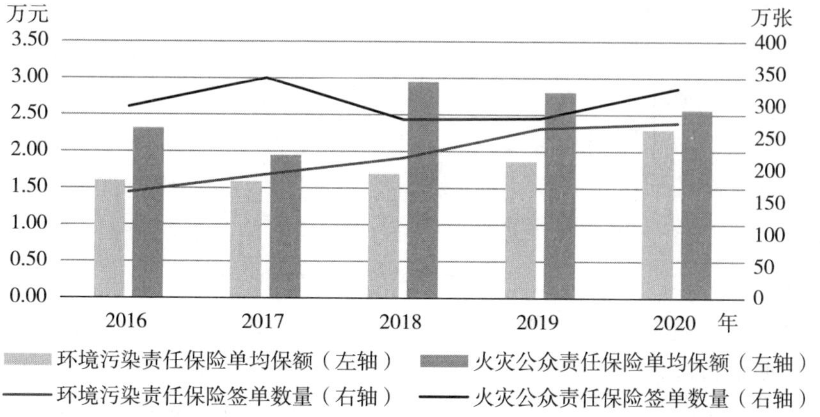

图6　2016—2020年我国环境污染责任保险与火灾公众责任保险指标对比（一）

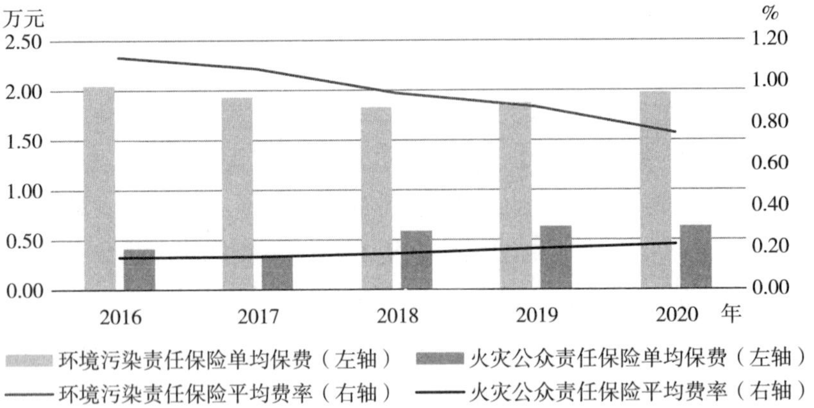

图7　2016—2020年我国环境污染责任保险与火灾公众责任保险指标对比（二）

此外，保险机构和相关排放企业对碳保险的认知程度不高，国内许多保险机构没有认识到碳保险背后的巨大商业价值，相关排放企业没有认识到生产活动中隐藏的巨大风险，环境保护部门、保险监管部门等对碳保险的宣传推广不足，社会各界对碳保险的认识有待提升。

五、结论及建议

总体上，当前国外相关碳保险的创新尝试较多，具体形成规模效应的主要在碳排放权方面，而我国的碳保险尚处于起步阶段，随着碳排放权全国性市场的不断升级、交易量的不断活跃、减排和碳汇的科技创新不断增强，我国的碳保险市场大有可为，是保险业转型的一次机遇，为此提出以下几点建议。

一是加强碳保险的制度安排。加快推动碳达峰碳中和“1+N”体系中“N”的制度建设，使碳保险的风险承担机制和路径可以更加清晰。完善已有的保险法律体系中碳保险制度，修订和调整与碳保险相适应的法律条款，加强碳保险配套法律制度的出台，并且在制定过程中留下文义拓展的空间，改善目前很多保险实行中因缺乏上位法支持而无法及时创新的问题，充分借鉴欧美国家碳保险法律框架和创新制度试验的经验。强化环境信息的公开披露，在ESG框架下对企业信息进行监督、使用、评估，确保碳保险前期数据采集准确而高效。

二是加强碳保险的市场运作。在政府引导、监管推动的背景下，丰富碳金融工具，促进碳排放权全国性市场的活跃，使保险能在大数法则下进行精准定价、分类定价和定价回溯，并与其他金融工具积极有效配合。尊重市场价格发现机制，政府通过为市场提供更多的公开信息，提升市场透明度，提升碳保险市场有效性。加强保险的分地区、分行业、分级定价。尝试在部分领域采用定额保险，通过银保合作等方式加强碳保险的金融活力。

三是加强碳保险的创新引领。目前，我国碳保险尚处于起步阶段，新型保险不具备直接在全国性铺开的条件，必须有地区先行先试，并且在试点过程中采用多种形式进行比对，在运行过程中既要谋划在先，也要敢于试错，才能吸取经验教训找到最佳路径。例如，浙江湖州、衢州等地已经作为全国绿色金融的改革试验区，浙江又属于全国共同富裕示范区建设省份，碳保险的先行先试有章可循、有法可依。同时，应加强碳保险专业人才队伍培养，鼓励设立与碳保险相关的第三方专业机构。政府加强对碳保险领域的考核激励与补贴，政府、行业协会、保险公司加强宣传，提升社会公众对碳保险的认知水平。

四是加强碳保险的国际合作。一方面，碳保险主要是基于《联合国气候变化框架公约》和《京都议定书》等国际约定，也是我国在联合国气候峰会、生物多样性峰会等重大场合作出的承诺，我国应利用好“一带一路”、区域全面经济伙伴关系（RCEP）、二十国集团（G20）等机制与国际社会一道形成多边联合机制，达成碳排放、碳保险相关领域的国际共识。另一方面，碳排放权并非是国内的封闭交易，未来必将进一步受到国际交易和定价的考验，而中国仍有相当多的国际清洁能源技术采购需求，在这一目标下，需要共同制定国际运行准则和分类标准。在金融对外开放的过程中增加境内中外资保险机构的新业务范围，推动碳保险及相关碳中和金融的发展。

参考文献

[1] 王顺庆. 强制绿色保险应该成为我国的一项绿色新政[J]. 环境保护与循环经济，2014(2):4−10.

[2] 王国军，庹国柱. 走可持续发展的绿色保险之路[N]. 中国保险报，2016−12−22.

[3] 戴梦希. 支持经济绿色转型　绿色保险应从资产与负债端同时发力[N]. 金融时报，

2021-03-03.

[4] 冯爱青，岳溪柳，巢清尘，等. 中国气候变化风险与碳达峰、碳中和目标下的绿色保险应对[J]. 聚焦，2021(8):20-24.

[5] 李洪锐. 低碳保险发展刍议. 山东省保险学会2010年“转变发展方式·促进保险强省建设”征文颁奖仪式暨保险学术报告会论文集（C）. 济南：山东省保险学会，2010.

[6] 李瑾，梁玉. 绿色保险的国际经验及借鉴[J]. 前沿理论，2021(16):1-3.

[7] 李濛. 试论低碳经济背景下财产保险产品的创新[J]. 金融与经济，2013(2):81-83.

[8] 李阳. 低碳经济框架下碳金融体系运行的机制设计与制度安排[D]. 吉林：吉林大学博士学位论文，2013.

[9] 李嫒嫒. 中国碳保险法律制度的构建[J]. 中国人口，2015(2):144-151.

[10] 彭远汉，张璇. 用商业保险助推低碳经济发展实践研究[N]. 中国保险报，2017-03-14.

[11] 任卫峰. 低碳经济与环境金融创新[J]. 上海经济研究，2008(3).

[12] 王倩，李通，王译兴. 中国碳金融的发展策略与路径分析[J]. 社会科学辑刊，2010(3):147-151.

[13] 汪惠青，李义举. 金融支持碳达峰、碳中和的国际经验[J]. 中国外汇，2021(5):20-22.

[14] 杨桂龙. 对我国绿色保险发展的研究分析———以浙江省湖州市为例[J]. 经济研究导刊，2021(11):122-126.

[15] 张妍. 我国发展碳保险的重要性及发展方向研究[J]. 时代金融，2012(11):132-133.

[16] Hoeppe P, Gurenko E N.Scientific and Economic Rationales for Innovative Climate Insurance Solutions[J]. Climate Policy, 2006(6):607-620.

[17] Labatt S, White R R.碳金融[M]. 王震，王宇，等译. 北京：石油工业出版社，2010.

从商业健康保险角度看企业健康管理

谭曲鸿　刘方涛　刘杰

［**摘要**］　在老龄化程度加深、慢性病患病风险提高、“健康中国”及其他政策利好等因素的推动下，健康管理行业在我国取得了快速发展。未来，健康管理服务市场将持续增长，保险产品和健康管理服务的融合是必然趋势。本文提出，“团体保险+企业健康管理服务”能够为保险公司探索健康管理提供一条价值更清晰的路径。通过分析美国保险公司进行企业健康管理实践以及国内企业健康管理市场的现状，试图为保险公司拓展经营方式提供新思路。

［**关键词**］　团体商业保险；企业健康管理；有效控费

［**中图分类号**］F840.4　［**文献标识码**］A

健康管理是对个体或群体的健康进行全面监测、分析、评估，提供健康咨询和指导，并对健康危险因素进行干预的全过程。健康管理可以降低疾病风险，控制医疗费用增长，提高健康水平，旨在以最小的成本实现最大的健康效果。近年来，受科技进步、慢性病患病风险提高、政策利好等因素驱动，健康管理行业在我国取得了快速发展。由于商业健康保险与健康管理具有天然的融合属性，商业保险公司先后成立了健康管理部门进行探索。

目前商业保险产品和健康管理还是以围绕个人营销的增值服务、增强客户黏性为主要目的。随着企业补充医疗保险和发展商业健康保险的诸多政策出

［**作者简介**］　谭曲鸿、刘方涛、刘杰，均供职于泰康养老保险股份有限公司战略企划部。

台，越来越多的企业响应政策为员工购买团体商业保险，在打造企业核心竞争力的同时还可以享受相关税收优惠。相对于付费意愿不足的个人客户，从企业端客户切入健康管理，是保险公司降低获客成本的有效手段。企业健康管理也成为大健康产业的重要方向。

企业健康管理是保险公司针对企业用户开发的一项专属服务，对购买团体商业保险的企业的员工个人及其家庭成员提供健康管理服务，并通过保险理赔数据的回流，形成全流程服务管理闭环。同时，企业也是推动健康管理最有效的载体之一。企业健康管理可以在一定程度上降低疾病风险，控制医疗费用增长，降低保险公司理赔费用支出。但由于费率偏低和医疗通胀，保险公司一直处于亏损的边缘，缺少有效的控费手段，商业模式尚不成熟。

未来，构建保险与企业健康管理服务的深度融合，提供综合性的保险产品和健康管理服务，把重点由事后赔付的保险产品，转向对客户健康的事前、事中管理，可以提升医疗费用的管控效率，改善保险公司经营风险。

一、我国健康管理服务的发展背景

根据第七次全国人口普查数据，中国65岁及以上人口为1.9亿人，占比为13.5%。根据联合国的预测，2025年中国65岁及以上人口占比将达14.03%，并进入深度老龄化社会。人们带病生存的时间延长，慢性病带来的健康损失将与人们长期共存，对未来卫生系统的规划、健康相关支出和健康产业的发展产生重大影响（陈东升，2020）。2019年，我国因慢性病导致的死亡人数占比为88.5%，而1990年这一比重仅为73.2%[①]。同时，在生活节奏加快、竞争压力日趋加大的环境下，中青年亚健康问题日益凸显，心理疾病的发生率也持续走高。根据中国医师协会等机构发布的《中国城市人群健康白皮书》，主流城市白领亚健康占比达76%，35~65岁人群是慢性病大军，且涉及疾病多与不良生活方式有关。Maigeng Zhou（2020）发现1990—2017年我国抑郁症患病率增加了24.7%，2017年我国有抑郁症患者5636万人，占全球总病例的21.3%。由于我国

① 华盛顿大学健康指标与评估研究所IHME。

健康知识知晓率偏低，不健康生活方式仍然比较普遍，导致中青年工作人群慢性病高发和亚健康问题凸显，必须引起重视。

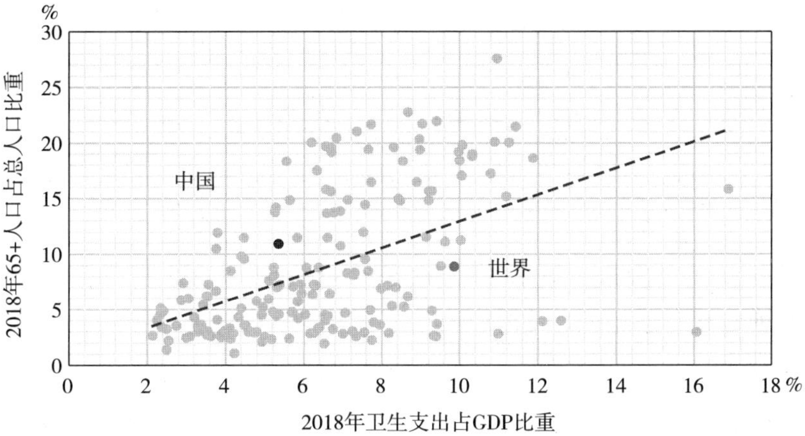

图1　老龄化程度和医疗卫生支出呈正相关性

（资料来源：联合国、世界银行）

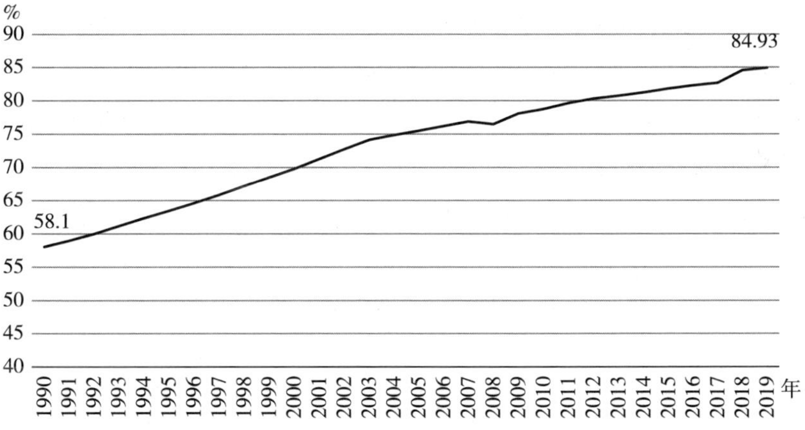

图2　中国主要致死和生命损失疾病中非传染性慢性疾病占比变化[①]

（资料来源：华盛顿大学健康指标与评估研究所IHME）

① 我们用伤残调整生命年（DALY）这一指标来衡量致命或非致命疾病所造成的健康损失。根据世界卫生组织（WHO）的定义，伤残调整生命年（DALY）等于寿命损失年数（YLL）与残疾生命年数（YLD）之和。

表1 1990—2019年中国致死和生命损失疾病谱排名（前五名）

排名	1990年	2019年
1	呼吸道感染	脑卒中
2	脑卒中	缺血性心脏病
3	新生儿疾病	慢性阻塞性肺病
4	慢性阻塞性肺疾病	肺癌
5	先天畸形	道路伤害

资料来源：华盛顿大学健康指标与评估研究所IHME。

面对上述突出问题，提高健康水平已提到国家战略高度，健康管理服务迎来发展契机。2019年，健康中国行动推进委员会发布的《健康中国行动（2019—2030年）》中指出："为积极应对当前突出健康问题，必须关口前移，采取有效干预措施，努力使群众不生病、少生病，提高生活质量，延长健康寿命。这是以较低成本取得较高健康绩效的有效策略，是解决当前健康问题的现实途径，是落实健康中国战略的重要举措"。2021年"十四五"规划纲要提出："要把保障人民健康放在优先发展的战略位置，坚持预防为主的方针，深入实施健康中国行动，完善国民健康促进政策，织牢国家公共卫生防护网，为人民提供全方位全生命期健康服务"。由此可见，国家层面健康战略已经在策略上以治病为中心向以健康为中心转变；在主体上从依靠卫生健康系统向社会整体联动转变；在行动上从宣传倡导向全民参与、个人行动转变。

二、企业在健康管理中的作用和意义

健康中国行动落实的过程中，需要积极调动政府、社会、企业、个人等多主体共建、共同参与。其中，企业在承接"健康中国"战略落地过程中发挥着重要作用。

首先，在我国多层次保障体系中担当"第二支柱"角色的企业，有责任消除由于环境和有害因素带来的健康隐患和风险，保护劳动者依法享有的职业健康保护权利。2019年颁布的《中华人民共和国基本医疗卫生与健康促进法》中明确规定了用人单位在员工健康促进方面的责任，要求企业提供有益于职工健康的工作环境和劳动条件，积极组织职工开展健身活动，保护职工健康。

企业作为经济活动中最基本的组织单元，聚集了中国主体的18~60岁的劳动者，与上一代相比，年轻员工更注重职场健康，单一的健康管理已无法满足价值诉求。做好企业健康管理，可以很好地解决在中青年群体的疾病预防及疾病治疗方面遇到的问题，从而创造更大的生产力。企业具有组织性，在安排体检、组织健康运动等方面，可通过内部组织高效开展活动；此外，通过企业内部采取强有力的健康激励措施，可以很好地解决个人在健康管理上无法持续的问题。

从企业自身考虑，企业可以从健康管理中获得巨大收益，符合企业的长期利益。开展健康管理可以提高人力资本效率、提高招聘吸引力和留存率、在社会上树立良好的雇主品牌形象和信誉（Jutta Ulmer和Ferdinand Groeben，2005）。如果企业能够促进员工健康和工作的良性循环，提供健康的职场环境并帮助改善员工的身体健康和情绪，提高员工的工作效率和忠诚度保持敏锐的头脑和积极的态度使员工能在工作中能够做出更多更好的决定（Riedel，2001；Mills，2007）。员工健康对公司的积极影响也体现在股价上，Goetzel和Fabius（2016）追踪了26家获得C. Everett Koop国家健康奖的上市公司，研究发现这些公司在2000—2014年的股价表现是市场基准（标普500指数）的3倍[①]。

对于设立员工保险保障的企业，实施健康管理可以帮助企业控制保费支出，若员工健康，保险赔偿率不高，保险公司在获利的同时企业也获得了更大的议价权。

① C. Everett Koop国家健康奖每年颁发给美国最优秀的企业健康管理项目。获奖的企业健康管理项目都需要基于科学的评估和实证方法研究，来证明其在节省企业成本、改善员工健康等方面发挥了重要的作用。

案例1　D公司通过营造企业健康文化提升员工生产力

D公司是全球市值排名靠前的跨国化工公司。在管理层的大力支持、各部门通力合作下，D公司从健康设施、健康政策、健康福利及健康监测四个维度建立了全面的健康体系。D公司重点关注员工的七个健康指标：吸烟状况、健康饮食、体育锻炼、体重、血压、胆固醇、血糖。D公司通过精心设计的健康活动、持续的健康咨询服务、人性化的健康促进政策以及与保险公司强强联手，保护了员工的健康，助力公司长期稳定发展。

研究显示，在参与D公司的企业健康管理项目后，员工的健康风险降低：营养不良发生率显著下降3.9%，高血压患病率下降4.0%，高胆固醇患病率下降6.7%，在BMI、吸烟和饮酒等方面也都有显著改善。缺勤、旷工显著降低，员工低效工作时间减少：平均每位健康管理项目参与者的旷工时间减少1.7天，相当于人均节省522.9美元；参与者的低效工作时间减少了0.3%，相当于人均节省了250美元。研究还发现，D公司的企业健康管理项目取得了不错的投资回报率。该项目10年间实现投资回报率（ROI）3.21，即每投资1美元将帮助公司节省3.21美元，帮助D公司节约相关支出约3410万美元（Goetzel和Ozminkowski，2005）。

案例2　J公司将企业健康战略地融入到全球每一个业务单元

J公司是大型跨国药品和医疗设备生产商，致力于医疗保健领域一系列产品的研发、生产和销售。早在20世纪80年代，J公司就开始系统地推进健康管理项目，召集了一批健康教育和疾病管理领域的专家，旨在通过保护员工健康和预防疾病风险来提高业绩水平。在之后的半个多世纪，该公司的企业健康管理项目不断推陈出新，以应对不断变化的业务需求和员工健康需求。

J公司的企业健康管理受到领导层的大力倡导。J公司的领导层认为，员工是最重要的资产，关心和促进员工的健康不仅是一项好的投资，而且是一件正确的事情，健康和快乐的员工往往有更好的工作表现。健康风险评估以及随后针对高风险人群的干预是J公司健康管理项目的根基。J公司提供多样的健康管理计划来满足员工的不同需求和兴趣，把方案设计得方便可及，并设计有效的激励，保证了员工的高参与度。作为一家大型跨国公司，J公司允许其企业健康管理的指导方针政策根据各地不同的社会、文化因素进行灵活调整，使得其企业健康战略成功地融入到全球每一个业务单元。

Henke和Goetzel（2011）对J公司的企业健康管理项目评估发现，在项目实施后，员工的高血压、高胆固醇、吸烟、缺乏运动、低纤维摄入量等情况都出现显著下降。此外，J公司能够每年节省约910万~943万美元的医疗费用支出，这相当于每名员工每年节约大约225美元的医疗费用。J公司会经常对其企业健康管理项目做严谨的第三方评估，并在一些科学期刊上发表评估结果，传播J公司在企业健康管理方面的经验供外界学习。

三、企业健康管理在全球的发展历程

企业健康管理最初起源于美国。第二次世界大战后，美国的商界领袖们意识到员工健康生活方式对公司的好处，一些公司便开始配备职场健身设施和健身教练，但这些健康相关福利通常仅限于高层管理人员。随着20世纪70年代现代健康运动的兴起，各大公司开始引进更广泛的工作场所健康促进措施和健康管理项目，如健身设施和职场禁烟等。开展企业健康管理项目的先驱包括：波音、金佰利、强生、杜邦、罗克韦尔、德州仪器、百事可乐等公司。

20世纪中后期，企业对员工的健康管理开始转向对员工心理健康的关注。20世纪60~70年代，关注员工心理健康和家庭问题的员工援助计划（EAP）开始被公司普遍采用。美国提供EAP公司的数量从1973年的500个增加到1980年的4400个，并且公司开始向第三方机构采购EAP服务，第三方EAP供应商行业开始取得发展。最早实施EAP的机构包括卡特彼勒、康奈尔大学、杜邦、强生和柯达。

20世纪90年代至21世纪初，随着信息经济时代的到来，人们越来越关注心理健康和职场压力，尤其关注技术进步和社会变革的快速发展给员工带来的压力。这一时期，企业健康管理和EAP项目也在全球范围内得到推广。例如，第一个专业的EAP项目在1997年引入中国，阿根廷、巴西和墨西哥的第一批正式EAP项目也陆续在1994—1997年启动。从20世纪90年代开始，在世界卫生组织（WHO）和欧盟的带头下，一种跨多学科的、体系更完善的企业健康管理方法出现，称为职场健康促进（Workplace Health Promotion）。在1997年《卢森堡宣言》中，WHO将职场健康促进定义为“由雇主、雇员和社会的共同努力，通过改善工作环境、促进员工的积极参与、鼓励个人发展，来提高员工的健康和福祉”。欧盟专门制定了质量标准和最佳做法范例，鼓励其成员将职场健康和企业健康管理列入各国的政策议程。1997年WHO在《雅加达宣言》中强调，职场是影响员工身体健康、心理健康和经济福祉的重要环境之一，进而影响整体的社会经济福祉。由此，WHO制定了全球“健康工作方针”，呼吁采取更完善的方法促进员工健康。

现在，大多数跨国企业和大中型企业都提供企业健康管理计划，以提高员工的健康水平。但从全球范围来看，只有很少一部分劳动者能够从企业获得健康福利。即使有健康管理计划的企业，整体的员工参与度也不高。根据Global Wellness Institute（2016）研究显示，在全球32亿员工之中，只有1/4的劳动者拥有正式合同的长期工作，只有不到9%的劳动者能够获得职场健康福利。

四、从商业保险角度看美国的企业健康管理实践

在美国，企业健康管理项目已经达到了较高的渗透率，已成为大型企业常规员工福利的一部分。企业雇主可以选择找外包商自我管理，也可以通过团体健康险来一并购买服务。知名非营利研究机构Kaiser Family Foundation（2016）表明，提供健康管理项目的大型公司（200人以上）中，55%是通过团体健康险提供的。奥巴马时期通过的“平价医疗法案”（Affordable Care Act）更是要求所有面对中小企业和个人的健康险必须涵盖十项核心内容，其中一项就是疾病预防、健康促进服务以及慢性病管理。在这一法案的推动下，近年来很多促进健康咨询、预防筛查和免疫接种被直接纳入了健康险的保障范畴，健康管理项目变得更为普及。

（一）美国商业保险的企业健康管理实践

由于企业和商业保险公司在美国医疗保障体系的核心作用，企业健康管理承担了保险公司降低医疗费用支出的作用（Cherniack，2015）。对于联合健康、安森、安泰、信诺等大型健康险公司来说，企业健康管理服务早已成为它们成熟产品组合的一部分。对于企业健康管理服务，健康险公司更像是资源平台，企业雇主在购买雇主健康险的同时，根据支付能力和需求，选取相应项目。在“奥巴马医改”的推动下，健康管理项目中原本独立自费的筛查、母婴保健等健康和疾病风险评估项目基本融入了健康险产品中。健康险参保人不仅免费参与年度常规体检，体检后还可能得到几十美元的现金奖励。目前这类融入保险产品的项目在健康险公司官网上已经很难看到相应的宣传了，官网中保留的通常是不在保险责任范围内，作为雇主或参保人可选的生活行为管理项目和健康咨询项目。一些是免费的，一些是需要个人额外支付一定费用或享受折扣的。

联合健康（United Health）公司2014年启动了Rally Health计划，直接采购并整合外部公司Rally的资源和服务，为企业客户提供健康管理服务。Rally将健康管理项目积分化，通过Rally评估参保人的全身健康，引导参保人改善饮食、提升健身水平、改善心情。用户选择共享数据可以和其他会员比赛，获取额外积分，Rally还提供指导师的在线指导。此外，联合健康公司还与Real Appeal公司合作，为用户提供营养和体重管理服务，免费赠送管理饮食的教材、餐具和在线指导。诸如此类的健康管理服务不一定是全国统一的，这与各地区具体业务相关。联合健康的宣传还提出，常规的员工健康促进（Wellness）关注的只是身体健康，它们追求的是员工全方位的身心健康（Well-being），包括社会认知、工作满意度、财务安全、情感健康、身体健康。

哈门那（Humana）公司在2011年与南非Discovery公司成立HumanaVitality合资公司，借助Vitality的管理技术，为企业客户提供全面的健康管理服务。其中哈门那和Discovery分别持有75%和25%的股份，同时哈门那购进Vitality公司25%的股份。这一合作最核心的特点就是整合，将分散的企业健康管理项目建立在统一的积分平台上，不仅使数据更具价值，而且提升了保险会员的忠实度。2017年1月，HumanaVitality进行了品牌调整，摒弃了两家公司的名称，直接更名为Go365，但服务内容并没有变化。Go365将积分活动项目分为教育、预防、健康生活、健身四大类，下设数小项，累计积分划为五个等级。除了职场员工参与外，Go365还创建了未成年人的独立积分体系，吸引家庭共同参与。

安泰（Aetna）公司在2013年曾开启一项名为CarePass的健康管理平台，整合会员所有的健康医疗和健康促进数据，其间还加入了强生的Care4Today和心情压力追踪工具MeQuilibrium。CarePass还试图实现将个人和当时各种可穿戴健康设备的数据进行连接整合。但是2014年8月安泰公司就宣布将关停该平台，其中最主要的原因是用户活跃度远低于预期。即使用户在CarePass的手机移动端上就能看到用户每天活动记录，包括运动、睡眠、热量摄入和热量消耗，但这些常规互动并不能有效调动用户的参与度，也没能更好地连接线下服务，降低医疗成本能力有限。

（二）对于美国企业健康管理的效果存在争议

企业健康管理项目宣扬的是改善健康和降低成本，但对于企业健康管理是否能够真正奏效，即显著改善员工健康并帮助企业获得回报，不同的学术研究对此存在争议。兰德公司（Mattke等，2012）在给美国政府的咨询项目中回顾了33篇经过同行审阅的学术文章，发现企业健康管理项目在健康行为、心理、药物使用和控费方面都有正向的作用。其中，5篇提到投资回报（Return on Investment，ROI）文章的研究结果显示，企业健康管理的回报区间为每1美元1.65~6美元[①]。

2014年兰德公司（Mattke等，2014）开展了一次企业健康管理项目的专项调研，涉及7家公司、60万员工。调查结果发现，对于企业健康管理项目，真正能够产生控费效果的是针对已患病人群的疾病管理项目。相比之下，尽管改善不健康生活习惯的健康管理项目参与率达87%，但是回报不佳。

美国国家经济研究局的一项有争议的研究（Jones等，2018）发现，激励措

① 投资回报率（Return on Investment，ROI）指通过投资而应返回的价值，企业从一项投资性商业活动的投资中得到的经济回报。企业在制定健康管理规划时，有必要对预算投入进行测算，但由于我国企业健康管理还处于探索阶段，这方面的实践相对很少。

施、健康筛查和戒烟计划等企业健康管理项目并没有改善员工的健康状况，也没有降低雇主的成本，对工作满意度和工作效率没有影响。权威期刊《美国医学会杂志》刊登的一项研究（Song和Baicker，2019）结果更令人沮丧，文章在调查了一家大型企业3.3万名职工后发现，接受企业健康管理项目18个月后，除自报运动和体重管理参与率外，员工在其他自报健康和行为、健康临床指标、医疗花费和使用、缺勤、工作表现等方面都没有显著变化。

五、我国企业健康管理市场的特点

我国健康管理产业起步较晚，发展模式还有待探索。与发达国家相比，我国企业健康管理服务市场仅处于发展初级阶段。总体来说，目前我国企业健康管理市场呈现以下五个特点。

（一）企业支付动力不足

现阶段企业对健康管理的预算投入仍有提升空间，缺乏长期投入。一方面，由于中国的基本医疗保险是按固定费率缴费，企业没有动力去为员工提供更多的健康服务，倾向于将健康服务作为一种福利，这导致企业健康管理围绕着福利提供而非刚需。另一方面，由于健康管理的迫切性较弱，企业的支付意愿非常低。支付动力不足是制约我国企业健康管理发展的重要因素。

（二）未形成体系化、整体性的策略

目前，国内企业开展健康管理的形式还是以健康体检、“健步走”、体重控制、健康宣讲为主，活动开展形式零散，未形成体系化、整体性的策略。年度体检作为大中型企业员工福利的一个基本项目，已持续多年，但大部分企业缺乏后期的报告解读以及后续对风险因素的干预。在没有检查出重大疾病的情况下，由于缺乏相关知识，员工往往不关注潜在健康危险情况，如近年来体检检出率较高的甲状腺结节、乳腺结节等疾病，由于后期体检报告缺乏针对性的解读，加之员工重视程度不够，如果未能进行及时、长期的干预，都为重疾前症留下隐患。

（三）以疾病发病期治疗为主，缺乏事前干预

从行动层面，国内企业未能对普遍的健康危险因素进行干预，例如，针对职工久坐产生的颈椎问题、视力问题等，企业能够提供针灸按摩服务，但未能提前干预开展“治未病”的措施。对绝大多数企业需求更为急迫的是疾病发病期的就诊服务，如绿通挂号、问诊和复诊随诊等，而非前期的健康风险的预防和干预。

（四）数字健康管理技术不够普及

在传统的健康管理方式下，员工个人健康数据难以获取，导致健康管理服务供应商很难进行专业的健康和康复指导，很难对用户的数据进行实时监测，并及时给出相应的健康管理建议。如何让员工个体实现“自主管理”，通过技术手段匹配最科学有效的健康计划，用数据驱动服务，连接全面的资源，促使用户更有意愿付诸行动，是目前企业健康管理面临的难题。

（五）缺乏完善的评价体系

企业健康管理的效果评估需要结合企业实施项目的诉求和出发点，通常企业可采用一些容易收集和测量的数据和指标，如员工参与度、满意度等。但专业的衡量方法和分析评估需要完整的健康管理体系评价系统，包括对监控管理项目的指标分类、衡量方法、分析评估流程等，而目前尚属于空白阶段。

六、对商业保险公司参与企业健康管理的启示和建议

（一）企业健康管理的启示

从美国的经验来看，保险公司是企业健康管理服务最大的买单者，商业保险有力地推动了企业健康管理市场的繁荣。在提供企业健康管理服务过程中，保险公司通常扮演资源整合的角色，从外部采购为企业服务并满足企业人力资源管理部门对员工健康福利的需求。总体来说，美国保险公司企业健康管理服务的价值主张是清晰的，即依据健康风险程度，从应对健康促进、慢性病治疗、急症治疗三个层级切入健康管理，从而达到降低企业健康风险、提升劳动

生产率和企业效率等效果，并间接实现保险公司自身的控费目的。

“保险+企业健康管理”融合将为保险公司探索健康管理提供一条价值更清晰的路径。一方面，企业健康管理是保险公司团体健康险业务的增值延伸，保险公司打造企业健康管理服务的同时也在构建大健康生态，实现控费能力的提升。另一方面，商业保险公司作为支付方和资源整合者，通过整合价值链提升健康管理服务质量，并实现成本控制。而通过保险公司更专业的团队、更科学的评估方法、更完备的数字健康基础设施和更专业的医疗网络，企业客户也由此获得了更高质量、更精益化的服务。

（二）保险公司参与企业健康管理市场的发展路径

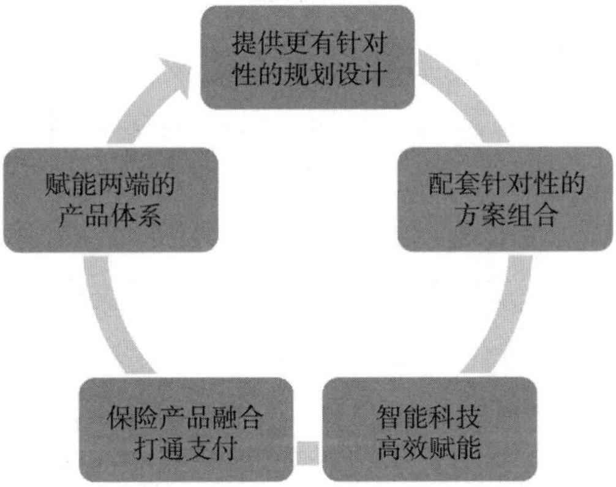

图3　“保险+企业健康管理”综合解决方案

1. 提供更有针对性的规划设计

保险公司在为企业提供健康管理服务实施前，需根据每个企业所处的阶段情况提供定制化的实施规划服务，帮助企业顺应市场趋势，找准现阶段企业健康管理的主要发力点。在基础建设阶段，需打通从数据获取到健康服务的流程运转。在服务提升阶段，需要整合数据并准确定位重点员工群体及其所需服务。在体验优化阶段，可凭借系统大数据支持，结合员工深度服务需求，搭建以员工为中心的健康管理服务体系，优化员工的服务体验。

2. 配套针对性的方案组合

保险公司可以根据企业在健康管理不同阶段的特点，进行差异化的规划设计，结合企业的需求重点，打造具有针对性的配套服务方案组合。例如，基础版的方案主要支持企业初步探索健康管理；进阶版的方案更注重帮助企业解决重点健康问题，增强员工福利获得感和归属感；高级版则是制订全流程、全场景企业健康管理解决方案，赋能企业全面开展健康管理。

3. 智能科技高效赋能

保险公司需探索大数据和人工智能等技术，赋能企业健康管理。在数据分析方面，利用大数据分析形成大人群健康画像，帮助企业健康保障员工自身及早识别健康风险，并配置相适应的健康管理服务，助力企业防患于未然。依托智能测评、线上问诊等线上工具以及智能健康硬件产品，帮助企业开展职域健康筛查和评估，助力企业员工快速识别自身健康状态，实现快速、准确、科学的健康风险评估。

4. 保险产品融合打通支付

保险公司可从企业的实际需求和痛点出发，为管理端及员工端量体裁衣，制订与企业需求相适应的、完善的保障福利套餐，在帮助企业有效管控福利成本的同时，补充员工医疗服务中的资金需求，提升员工保险保障的服务体验。在短期保障中提供补充医疗保险、意外险、寿险等产品备选，在长期保障中提供重疾险、医疗险、年金等产品应对中远期风险。

5. 赋能两端的产品体系

保险公司可以基于企业员工端及管理端两端需求及痛点，打造赋能两端的产品体系，以丰富的服务板块、完善的服务内容面向企业，提供全面综合的健康管理服务。面向企业员工，保险公司应该提供种类丰富的线上线下健康服务项目，保障员工的身心健康。面对管理端，保险公司应该通过专业化的健康管理工具，通过诸如员工分群标签体系、健康数据看板以及线上化运营管理平台等产品，借助活动策划运营能力，助力企业管理层对员工健康进行主动管理，并有效量化、跟踪后续效果，评估服务价值。

（三）保险公司在当前政策趋势下的可行性案例分析

作为一种新兴的健康管理服务理念和方式，虽然市场发展空间十分广阔，但已出现发展瓶颈期，面对当下发展困局，保险公司应当，借助国家出台的利好政策，寻求新的增长动能。

1. 国家政策引导，助推全民健康管理

企业健康管理是建设“健康中国”的有力抓手，也是落实“健康中国2030”有效着力点。保险公司在开展企业健康管理时不应局限于单一企业，更应当结合国家政策文件，配合各级政府或组织推动全国性的健身赛事活动，一方面可以为赛事活动提供保险保障，另一方面借助活动有效增强企业员工规律性运动、改善身体状态、降低医疗费用支出，达到健康管理的目的。

案例3　某保险公司深度参与“健康中国我行动”的赛事和活动

某保险公司是一家全国性、股份制的寿险公司。为落实“健康中国”战略，2021年1月28日起，由国家体育总局、中华全国总工会主办，多方协办的“健康中国我行动”全国广播体操工间操云比赛和活动正式启动。由于参赛人员多、覆盖面广、周期性长、疫情影响等不稳定因素，为确保赛事安全进行，商业保险公司可以作为志愿服务单位为参赛的企事业单位员工提供相关保险保障。

在全国体育和工会系统强力组织支持下，各级政府、工会均参与其中，充分调动了广大群众的积极性，而且通过智能科技的技术突破，使得过去比赛不易覆盖的地区和人群也参与其中，例如森林深处近千名消防队员、大河上游上万名电力工人、基层城乡社区几十所幼儿园、崇山峻岭数十个矿工队。与此同时，为积极响应国家号召，在比赛中取得良好的成绩，参赛单位工会主动提出投入活动经费。在政策支持下，有效改善了过去支付动能不足的问题；同时智能技术的升级，也充分提升了参与人群的覆盖率和活动率。

但是，由于该保险公司尚未建立企业健康管理服务，赛事相关的线上运营、线下训练指导、视频拍摄均由第三方合作单位完成，未能获取有效的员工健康数据和企业联系机制。如果有企业健康管理服务的介入，使参赛单位通过更多“看得见、摸得着”的服务体验，使保险保障变得更为可感知，参与者的认可度和接受度也会带来相应的提升，给低频的风险保障带来更高的转化，将活动的效果提升到最大化。

2. 针对客户需求，产品差异化定制

针对不同年龄、不同职业、不同类型的人群，结合群众性团体组织的职能作用，充分发挥组织的影响力和号召力，深度开发差异化的产品，设计成本与之适配的健康管理服务。

不同年龄阶段有不同的健康需求，对于广大青少年和在校生来讲，课业和升学压力大，应聚焦于视力健康、心理健康咨询、口腔卫生等预防性的健康管理；对于中年人群来讲，是人生健康的转折点，由于疾病存在一定潜伏期，应聚焦于疾病干预、饮食习惯、健康运动等中长期干预性的健康管理；对于老年人来讲，随着年龄的增长，各项生理功能减退，应聚焦于专属健康检查、慢性病管理、康复训练等疗养性的健康管理。不同职业类别的常见病种和发病率存在差异，利用大数据分析，将不同产业、行业的人群进行有效分类，深挖不同职业的健康管理需求痛点，提供精准的管理服务；性别的差异也会有不同的健康管理需求，尤其是面临家庭和职场双重压力的新时代女性，做女性常见疾病、母婴保健、家庭心理健康等专属化产品。

全面健康管理是企业未来的核心竞争力，也是职工个人发展的必然条件。应当广泛动员全社会、全人群参与，注重发挥共青团、总工会、妇联等群团组织的各自职能作用，提升群众组织归属感，形成全社会参与的工作格局，有效改善国民身心健康。

3. 保险科技赋能，社会公益同行

保险公司与健康管理有着一致的目标。健康管理通过评估、主动干预降低慢性病的发病率，实现有效控费，成为保险公司争夺市场的有效手段。保险公司在为企业员工提供健康管理时，利用科技手段和智能设备有效观测员工参与程度，制定相应的奖励制度。例如，对于部分因慢性病被拒保的群体，在长期参与健康管理后，根据改善情况在购买个人健康保险时给予特殊核保政策；对于经常参与健康运动的员工，在未发生理赔的情况下，可以通过公益基金，将其名下的保额转赠给贫困人群，通过科技手段，打通保险支付与公益捐赠渠道，助力国家乡村振兴的发展。

商业健康保险与一般商品不同，看似只是一纸契约，但其承载的却是长久的风险保障。通过健康管理服务，大众对保险的作用认知不再是“事后赔”。

与此同时，保险公司在不断的服务和陪伴过程中提升市场的价值认同和客户健康水平，有效控制医疗赔付支出，实现利润转化。企业健康管理发展不仅可以提高国民健康水平、延长国民健康生命时间、缓解国家老龄化压力，同时还可有效促进产业经济发展，实现政府、企业、个人多方共赢。

参考文献

[1] 夏小燕等. 打造健康管理能力、破局健康险挑战[R]. 波士顿咨询公司，2020.

[2] 陈东升.长寿时代的理论与对策[J]. 管理世界，2020（4）.

[3] 国务院发展研究中心社会发展研究部课题组. 全面强化健康教育：中国问题与国际经验[R]. 2019.

[4] 泰康养老保险股份有限公司. 中国企事业单位健康管理报告[R]. 2021.

[5] 中国医师协会. 中国城市人群健康白皮书[R]. 2020.

[6] Cherniack M. The Productivity Dilemma in Workplace Health Promotion[J]. Scientific World Journal, 2015;2015:937063. Published Online 2015 Aug 25.

[7] Maigeng Zhou et al. Mortality, Morbidity, and Risk Factors in China and its Provinces, 1990–2017: a Systematic Analysis for the Global Burden of Disease Study[J]. The Lancet, 2020, 394(10204):1145–1158.

[8] Global Wellness Institute. Report and Survey on "The Future of Wellness at Work" [R]. Global Wellness Institute, 2016.

[9] Goetzel RZ, Fabius R, Fabius D, Roemer EC, Thornton N, Kelly RK, Pelletier KR. The Stock Performance of C. Everett Koop Award Winners Compared With the Standard & Poor's 500 Index[J]. Occup Environ Med, 2016, 58(1):9–15.

[10] Goetzel, R. Z., Ozminkowski, R. J., Baase, C. M., &Billotti, G. M. Estimating the Return-on-investment from Changes in Employee Health Risks on the Dow Chemical Company's Health Care Costs[J]. Journal of Occupational and Environmental Medicine, 2005, 47(8): 759–768.

[11] Henke RM, Goetzel RZ, McHugh J, Isaac F. Recent Experience in Health Promotion at Johnson & Johnson: Lower Health Spending, Strong Return on Investment[J]. Health Aff (Millwood), 2011, 30(3):490–9.

[12] Jones D, Molitor D, Reif J. What Do Workplace Wellness Programs Do? Evidence from the

Illinois Workplace Wellness Study[R]. NBER Working Paper Series, 2018.

[13] Mattke Soeren, Kandice A. Kapinos, John P. Caloyeras, et al. Workplace Wellness Programs: Services Offered, Participation, and Incentives[R]. RAND Corporation, 2012.

[14] Mattke Soeren, Harry H. Liu, John P. Caloyeras, et al. Do Workplace Wellness Programs Save Employers Money?[R]. RAND Corporation, 2014.

[15] Mills P. R., Kessler R. C., Cooper J., Sullivan S. Impact of a Health Promotion Program on Employee Health Risks and Work Productivity[J]. American Journal of Health Promotion, 2007, 22(1):45−53.

[16] Pollitz, Karen. & Rae, Matthew. Workplace Wellness Programs Characteristics and Requirements[R]. Kaiser Family Foundation, 2016.

[17] Riedel J. E., Lynch W., Baase C., Hymel P., Peterson K. W. The Effect of Disease Prevention and Health Promotion on Workplace Productivity: a Literature Review[J]. American Journal of Health Promotion, 2001, 15(3):167−191.

[18] Ren X, Yu S, Dong W, Yin P, Xu X, Zhou M. Burden of Depression in China, 1990—2017: Findings from the Global Burden of Disease Study 2017[J]. Affect Disord, 2020(268): 95−101.

[19] Song Z, Baicker K,. Effect of a Workplace Wellness Program on Employee Health and Economic Outcomes: A Randomized Clinical Trial[J]. JAMA, 2019, 321(15).

[20] Jutta Ulmer, Ferdinand Groeben. Work Place Health Promotion[J]. Journal of Public Health, 2005, 13(3): 144−152.

[21] World Health Organization and Burton, Joan. WHO Healthy Workplace Framework and Model: Background and Supporting Literature and Practices[R]. World Health Organization, 2010.

社会冲突风险与国际财产险市场重大损失案例研究

党予彤　初苗苗

[摘要]　社会冲突指群体间激烈对立的互动形式，冲击社会秩序，并造成经济损失。从国际财产保险市场近年赔付情况来看，社会冲突相关赔案数量和损失额度均呈上升趋势。本文从社会冲突发生的必然性特征出发，按社会稳定程度和保险深度对国家进行分类，依次分析保险损失的特征，在此基础上识别社会冲突风险保险保障的难点问题。当下，保险行业应完善社会冲突风险的识别与量化方法、强化风险保障机制建设，建立政治暴力和政治风险保险联合体等机制，为我国"走出去"企业保驾护航。

[关键词]　社会冲突风险；国际财产险市场；"一带一路"保险保障

[中图分类号] F841　**[文献标识码]** A

[作者简介]　党予彤，中国财产再保险有限责任公司国际业务管理部；初苗苗，中国财产再保险有限责任公司国际业务管理部高级经理。

2001年，震惊世界的“9·11”恐怖袭击事件，对美国乃至全球造成严重冲击，也造成保险行业470亿美元的巨额损失，恐怖主义风险一度成为“不可保”风险。保险行业经历了政府兜底、成立共保体的特殊时期，而后商业保险的参与度逐渐回归常态。

当前，世界面临经济增长乏力、气候变化加剧、政治格局加速调整等新形势，随着全球宏观环境的改变，社会冲突风险呈上升趋势。同时，相关保险保障产品日益成熟，近年来国际上频繁发生的大型社会冲突事件也造成了越来越严重的保险损失，再次引起了国际（再）保险市场的广泛讨论和高度关注。

一、社会冲突：理论与现实

按照《中国大百科全书·社会学卷》的定义，冲突指人与人、群体与群体之间激烈对立的社会互动方式和过程，是人们之间的一种直接的反对关系。冲突的常见表现形式包括国内或国家间战争等群体冲突、恐怖主义等蓄意破坏行为以及抗议游行等引发的骚乱乃至政变的事件。相比于竞争，冲突在形式上要激烈得多，它往往突破了规则、规章甚至法律的限制，带有明显的破坏性。

尽管社会冲突存在破坏性，以美国社会学家科塞为代表的冲突学派却将冲突看作社会整合过程中的促进因素。科塞认为，社会冲突产生于社会报酬的分配不均以及人们对这种分配不均表现出的失望，只要不直接涉及共同价值观（宗教和意识形态冲突除外），这些冲突反而对社会与群体具有内部整合、稳定、促进、平衡作用，也对新规范和制度的建立具有激发作用，是社会自我调节的机制。

社会冲突的功能性也证成了冲突的普遍存在性，2018—2019年，全球平均每季度发生10494起社会冲突事件，2020年新冠肺炎疫情暴发以来，平均每季度发生的社会冲突事件数量上升14%至11933起。受袭目标中，约有30%为政府，20%为私人财产，20%为军事设施。

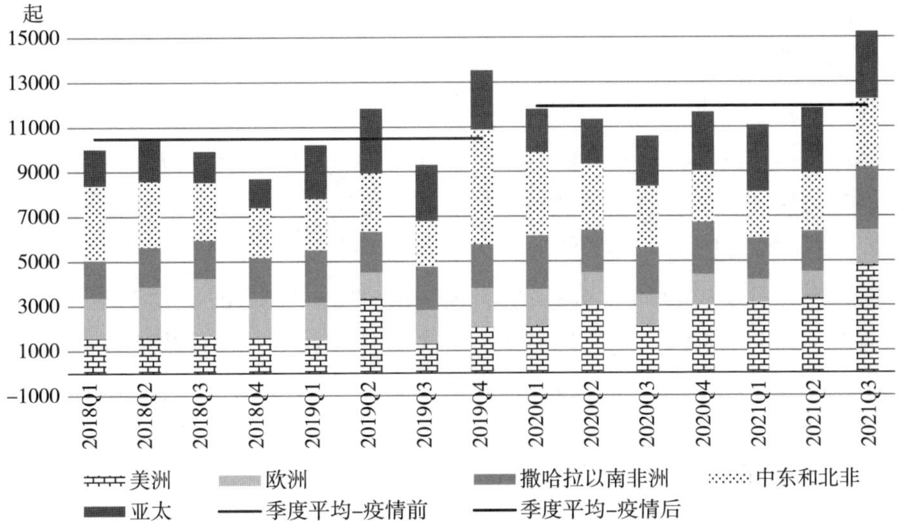

图1　社会冲突事件发生数量

（资料来源：根据Control Risk全球安全事件季度报告整理）

二、国际保险市场对社会冲突风险的保障情况

一是财产险和车险中的罢工、暴力活动、骚乱（Strikes, Riots and Civil Commotion，SRCC）和恶意损害条款。SRCC的责任范围包括罢工、暴力活动和骚乱导致的直接物质损失；恶意损害的责任范围包括个人或组织以政治、宗教或意识形态为目的使用武力或暴力造成的直接物质损失。除直接财产损失外，部分保单中将责任范围扩展到由此带来的延迟完工、营业中断和声誉损失。

二是政治暴力险（Political Violence, PV）。政治暴力险在国内起步较晚，但在国际市场中发展已相对成熟,责任范围可包括八类：（1）恐怖主义；（2）蓄意的负面社会活动；（3）暴乱、罢工和/或民众骚乱；（4）恶意破坏；（5）起义、革命和/或叛乱；（6）兵变和/或政变；（7）战争和/或内战；（8）反叛乱。[①]由上述责任范围可见，政治暴力险属于列明可保风险，除"起义、革命和

① Beazley PV Standard Policy（AFB1-8）[2021-12-23]. http://tcim.ca/wp-content/uploads/2015/01/AFB-Political-Violence-1-8-Inc-Counterinsurgency.pdf.

/或叛乱”外，其他责任范围与财产险SRCC和恶意损害条款有较多重合，并根据破坏的意图和组织形式进行更细致的划分。在实践中，保险公司根据客户需要提供其中部分或全部类别的保障。

三是政治风险保险（Political Risk Insurance）。与侧重暴力行为相关直接损失政治暴力险不同，政治风险保险更侧重东道国政策变化导致的被保险人资产和利润的损失。包括：（1）债务人无法按时还款造成合同违约；（2）债务人所在国家发生战争、革命、暴动造成的损失；（3）恐怖主义行动和与之相关的破坏活动；（4）债务人所在地政府或还款必经的第三国政府颁布延期付款令、汇兑限制；（5）保险人认定的其他政治事件①。相比较而言，政治风险保险属于信用险，而政治暴力险侧重对财产的保障。社会冲突导致的财产损失可被纳入政治风险保险的保障范围，但通常不是购买保单的主要考量。

截至2020年底，全球商业市场②的政治暴力险承保能力接近20亿美元，政治信用险承保能力超过36亿美元。参与主体包括国际市场大型直保公司、部分特险公司和超过30家劳合社辛迪加。

三、社会冲突风险案例研究

（一）发达的成熟市场国家

发达国家的特点为保险深度高，社会冲突造成的财产损失额度高，同时作为政治风险分析中的低风险地区，社会冲突相关责任常被包括在财产险“一切险”中。政治暴力险主要保障恐怖主义风险。但2020年美国发生的大规模骚乱使国际市场承保人重新审视继续将SRCC条款纳入财产险的合理性。

2020年5月末至6月初，黑人乔治·弗洛伊德（George Floyd）的死亡事件在美国各地引发了严重骚乱，抗议蔓延至全美50个州超过650多个城镇，美国保险

① 参见中国出口信用保险公司. 长期出口信用保险责任范围[EB/OL]. [2021-12-24]. https://www.sinosure.com.cn/ywjs/zcqckxybx/zcqckxybxjj/index.shtml.

② 除商业市场外，政策性的出口信用机构，例如各国国有的出口信用保险机构提供政治暴力和政治信用险保障。

信息研究院（Insurance Information Institute）预计保险损失为10亿~20亿美元，打破了社会骚乱保险损失的最高纪录[①]。

美国白人警察针对黑人暴力执法现象在美国时有发生，但2020年的乔治·弗洛伊德的死亡事件引发了损失广泛的“巨灾事件”，抗议者除了黑人和少数族裔外，还包括大量白人。类似地，2021年2~3月，西班牙爆发一系列针对说唱歌手哈塞尔被捕的抗议活动[②]；荷兰针对疫情限制措施的抗议活动激增，阿姆斯特丹、海牙和其他城市都发生了未经批准的示威活动，发达国家长期积累的社会矛盾，在疫情和经济多重压力下集中爆发，造成了超过历史均值的财产损失。

此次骚乱事件的保险责任问题一度引起争议。美国市场政治暴力险的赔付基于《美国恐怖主义风险保险法案（TRIA）》，该法案于2002年出台，2015年第三次延期，到期时间为2020年12月31日。根据TRIA，保单年度内的总保险损失达到2亿美元可触发赔付，保险公司须自行负担上年保费收入的20%，以及保险公司与联邦政府共同赔付部分的20%，剩余部分由联邦政府赔付。TRIA对于恐怖主义事件的定义是，针对美国和导致财产与责任损失预期超过500万美元的恐怖袭击，须经财政部长、检察长和国土安全部部长共同认定。2020年6月1日，时任美国总统特朗普在社交媒体上宣布，美国将把激进政治运动Antifa列为恐怖组织[③]，但特朗普的声明不代表国家意志，最终未将2020年骚乱认定为政治暴力险恐怖主义保单的责任范围，主要原因是，Antifa只是一个政治运动，并非明确的政治组织，美国也没有界定国内恐怖组织的先例。

---

① 参见新华网.乔治·弗洛伊德：一名美国黑人的“呼吸简史”[EB/OL].[2021-12-23].https://baijiahao.baidu.com/s?id=1669013532739567851&wfr=spider&for=pc.

南方前沿.弗洛伊德事件成为美国社会积弊“照妖镜”[EB/OL].[2021-12-23].https://baijiahao.baidu.com/s?id=1668986994442786221.

国际金融报.美国骚乱殃及保险业，损失超10亿美元创行业历史纪录[EB/OL].[2021-12-23].https://baijiahao.baidu.com/s?id=1678184945568248098&wfr=spider&for=pc.

② 参见环球时报.因为一名被定罪的歌手，西班牙多地爆发抗议示威活动[EB/OL].[2021-12-23].https://baijiahao.baidu.com/s?id=1691938080964768413&wfr=spider&for=pc.

③ 参见环球网.特朗普:美将认定极左翼激进势力ANTIFA为恐怖组织[EB/OL].[2021-12-23]. https://www.163.com/news/article/FE0FF1DE0001899O.html.

最终，抗议活动造成的直接物质损失涵盖在财产险“一切险”保单的责任范围内，补偿直接财产损失。由骚乱和政府宵禁引起的营业中断的定损也存在一定争议，营业中断条款多约定补偿企业利润损失，但在疫情期间，隔离中的企业原本就在暂停营业，没有产生利润，因此难以量化利润损失。

除“9·11”事件外，美国市场政治暴力险没有重大历史损失。美国财产险理赔信息服务机构（Property Claim Services，PCS）的数据表明，除2001年的“9·11”事件外，20世纪中期以来只有三次重大损失事件，分别为1965年8月洛杉矶骚乱（保险损失3.57亿美元）、1968年巴尔的摩、芝加哥和纽约市骚乱（保险损失2.31亿美元）、1992年洛杉矶骚乱（保险损失14.2亿美元）。2020年骚乱事件造成的损失大幅超过历史均值。有承保人通过回顾卡特里娜飓风后对超市大规模的抢劫事件来强调社会冲突造成的潜在损失。在2021年续转中，有部分保险机构建议大型零售商单独购买SRCC保单，财产险承保人也开始考虑在“一切险”中除外SRCC条款。

（二）已形成区域经济中心的新兴市场国家

新兴市场国家保险业成熟度的差异较大，部分国家已具备较高的保险深度，并形成了区域性经济中心城市，如南非、智利等国家。

这类国家的共同特征包括宏观经济表现大幅优于同类国家，但政治和经济结构存在脆弱性，难以抵御全球系统性风险。同时由于保险深度较高，社会冲突事件引起的保险损失也超过同等发展水平的国家。

在政治暴力险市场，这类国家通常被认定为中低至中高风险区域，政治暴力险保单投保率较高，财产险对SRCC责任除外的情况趋于上升。

1. 南非

南非前总统祖马于2021年7月7日被捕，并因藐视法庭被判处15个月监禁，引发支持者不满。当地时间2021年7月12日，约翰内斯堡发生大规模骚乱。骚乱蔓延至南非七省（共九省），造成212人死亡，144所学校被损毁，多数商店和企业遭抢劫和破坏，南非农民遭受洗劫，已威胁到了当地的食品供应。南非财政部预计骚乱将导致南非GDP下降0.7~0.9个百分点，设施重建和经济恢复需要近两年时间①。

南非国有的政治暴力险专业保险公司（Sasria）表示，骚乱造成保险损失将达到200亿兰特（约13.4亿美元），几乎是此前估计的三倍。直保市场的大部分损失由Sasria公司承担，Sasria公司单一业务损失限额为15亿兰特（约1.05亿美元），累积损失超过5亿兰特（约3484万美元），将触发巨灾超赔。在再保险市场，分入Sasria业务的公司主要为欧洲四大再保险公司和劳合社。

这一赔案使由政府治理能力引发的事件进入承保人的视野。从事件特点来看，由政府治理能力和政治矛盾直接引起的事件具备涉及地域广泛、蔓延迅速、持续时间长、涉及暴力方式混杂等特点。2018年，南非前总统祖马在多重政治压力下辞职，新政府对南非第一大族裔——祖鲁族的政治影响力有限，祖马入狱导致祖鲁族聚集最多的两大城市——夸祖鲁—纳塔尔省和豪登省发生连续九天的抗议。从暴力形式来看，以往的民众抗议通常发生在城市边缘，而这次的骚乱却多发生于包括大型商场在内的中产阶级区域；以往的运动更多的是对城市机能进行破坏，但这次骚乱混合了多种暴力形式，既包括社会底层对中产区域食物与商品的大规模洗劫，也包括有组织的蓄意破坏和对军火装备的抢夺。这反映出疫情以来恶化的经济条件。南非是非洲疫情最严重的地区之一，2020年以来失业率上升至32%，而抗议进一步打破了疫苗接种的进程，社会底层的绝望情绪使这次运动有了群体对抗的色彩，暴力排外、种族冲突的恐慌情绪通过社交媒体在南非各省传播，因而造成事件性质和影响范围有很大改变。

2. 智利

2019年10~11月，智利圣地亚哥爆发一系列针对公交系统票价提价的抗议活动，发生上千次不同规模的游行、916起纵火事故和频繁的抢劫事件，保险损失

① 参见环球网. 骚乱升级，南非政府考虑再出动2.5万兵力协助警方[EB/OL].[2021-12-23]. https://baijiahao.baidu.com/s?id=1705392672224548622&wfr=spider&for=pc.

环球时报. 45死757人被捕！南非骚乱或引发疫情“超级传播事件”，总统授权军队行动[EB/OL].[2021-12-23]. https://world.huanqiu.com/article/43vg5akKmSx.

环球时报. 抢了大米和煤油的南非骚乱者：“我以前从没干过这种事，但我们一直在遭受打击”[EB/OL]. [2021-12-23]. https://world.huanqiu.com/article/442MbR57AxF.

25亿~40亿美元[①]。

智利与巴西和阿根廷并称为拉美地区的高收入经济体，经济自由度指数排名全球第七位，形成了圣地亚哥等区域经济中心。但从经济结构来看：一方面，其经济严重依赖铜的出口，GDP与铜价走势高度相关，2019年上半年全球经济制造业采购经理人指数（PMI）下行，中美贸易摩擦带来的压力对冲了各国刺激政策的影响，铜价始终在低位波动；另一方面，在国内实体经济尚未发展成熟的情况下，过早施行自由经济，导致民生相关的企业被私有资本和外国资本垄断，进而导致贫富分化严重，1%的居民掌握全国25%的财富，最终地铁涨价问题演变为暴力事件。

智利市场中，部分财产险保单包含了SRCC条款，也有较多单独的政治暴力险保单。本次事件后，这两类保单均有大量赔付。2020年的续转中，承保人开始在财产险巨灾业务中排除SRCC责任，或对地域范围增加限制性条款。相应地，政治暴力险保单的购买量也大幅上升，多数在迈阿密和伦敦特险市场排分，在有限的承保能力下，费率开始上涨。

大型连锁超市是此次保险损失的重灾区，集中了40%索赔金额。南非和智利等国家形成了区域性经济中心城市，多家大型国际连锁超市入驻，这些连锁超市保险投保率高，且容易成为攻击的目标。沃尔玛超市曾在墨西哥、巴西等地区的冲突事件中遭到抢劫，之后单独购买了覆盖这些地区的政治暴力险保单。2019智利骚乱的损失额度达到新高，沃尔玛超市财产险保单赔款近5000万美元，承保人在次年4月续转季拒绝以原条件续转“一切险”，而沃尔玛超市此前购买的政治暴力险不覆盖智利地区。因此，沃尔玛超市单独购买了智利地区政治暴力险SRCC保单，限额为5000万美元。类似地，智利最大连锁超市SMU Rendic也在劳合社特险市场购买1000万美元的政治暴力险SRCC保单，由

① 参见百度百科.10·19智利暴力冲突事件[EB/OL].[2021-12-23]. https://baike.baidu.com/item/10%C2%B719%E6%99%BA%E5%88%A9%E6%9A%B4%E5%8A%9B%E5%86%B2%E7%AA%81%E4%BA%8B%E4%BB%B6/23815440?fr=aladdin.

海外网. 海外网评：智利这场骚乱，不只因为地铁票涨价[EB/OL]. [2021-12-23]. https://baijiahao.baidu.com/s?id=1647992337244906658&wfr=spider&for=pc.

Chaucer、Markel、 Atrium、 Beazley、Hiscox、Axis等多家保险公司联合提供承保能力。

（三）发展中的新兴市场国家

这类国家的特点是保险深度不高，社会稳定性不强，是政治风险评价体系下的中高风险地区。在这类地区投资的外资企业一般会购买独立的政治暴力险，保单的定制化程度高。

2021年4月，哥伦比亚爆发全国性的抗议活动，反对杜克政府推动的税务改革。联合工会随后加入抗议行列，宣布2021年4月28日举行全面罢工①。冲突事件造成的保险损失约1500万~2500万美元，主要由政治暴力险进行赔付。

与智利相比，哥伦比亚市场中财产险除外SRCC责任并转向政治暴力险的趋势更为明显。政治暴力险费率也随着社会稳定情况呈现波动，2016年叛军与政府签署了停火协议后，哥伦比亚政治暴力险的费率较低，条件相对宽松，2020年以来，哥伦比亚多次发生冲突事件，费率再次上涨。投保人除外资连锁超市外，还包括本地公司，例如，2019年和2020年初发生的多次抗议活动导致当地公交车损毁严重，此后公交车公司开始投保政治暴力险。

哥伦比亚骚乱发生后，市场讨论骚乱是否会蔓延至周边拉美国家。这反映了社会冲突风险的特点，即事件发生和扩散的机制十分复杂，难以通过传统的定价模型进行准确模拟，损失分布难以用统计学模型进行拟合，更加依赖于对社会形势的判断。

（四）存在战乱风险的国家

2020年2月29日，美国与塔利班签订《实现阿富汗和平协定》，约定外国军

① 参见百度百科.2021年哥伦比亚反对税改抗议活动[EB/OL]. [2021-12-23]. https://baike.baidu.com/item/2021%E5%B9%B4%E5%93%A5%E4%BC%A6%E6%AF%94%E4%BA%9A%E5%8F%8D%E5%AF%B9%E7%A8%8E%E6%94%B9%E6%8A%97%E8%AE%AE%E6%B4%BB%E5%8A%A8/56887541?fr=aladdin.

澎湃新闻. 逾一周抗议、20多人死亡：哥伦比亚税改方案为何引发动荡？[EB/OL]. [2021-12-23]. https://baijiahao.baidu.com/s?id=1699111463036566326&wfr=spider&for=pc.

队在14个月内撤离阿富汗。2021年4月14日，美国总统拜登表示驻阿富汗外国军队将在9月11日前撤离。自美军表态以来，塔利班对政府军发动了巨大攻势，4个月内占领了包括首都喀布尔在内的阿富汗绝大部分领土。9月7日，阿富汗塔利班宣布组建新政府，向外界公布了“阿富汗伊斯兰酋长国”的政府建构，但新政府仍面临国内力量整合和国际承认等现实困境。伦敦市场多个保险公司针对阿富汗相关业务计提了准备金①。

从目前情况来看，阿富汗政局动荡至少会带来以下三重风险。

一是战乱风险。尽管塔利班已经取得了巨大的军事胜利，但从秩序的批判和破坏者到秩序的建设和维护者，还有很长的一段路要走。同时，在长期战乱的背景下，社会管理松弛，大量武器弹药散落民间，这也对阿富汗新政权的治理造成很大挑战。

二是恐怖主义风险。学界一般认为，四种情况下恐怖主义容易产生或难以根除，即农村山地论（广大的农村地区、巨大的山地面积使恐怖组织获得藏身之所，大大增加了政府执法的难度）、毒品论（恐怖组织大量参与毒品贸易，获得了其存续与发展必需的经济收入）、政治垄断论（一些政治派别被排斥在政治生活之外，其诉求难以在体制内得到满足）和贫富差距论（国内经济不发达，特别是贫富差距过大，有助于恐怖组织的产生和发展）。阿富汗当前的政局同时符合这四种情况，恐怖主义的治理难度的确很大。但尽管如此，解决问题的关键仍然在于塔利班是否具有打击国内恐怖主义力量的强烈意愿。

三是难民风险。联合国难民署警告称，不断升级的冲突让平民流离失所。据估计，2021年1月以来，不安全和暴力导致27万阿富汗人在境内流离失所，令

---

① 参见新华社. 阿富汗塔利班进入首都喀布尔[EB/OL]. [2021-12-23].https://baijiahao.baidu.com/s?id=1708173359214605607&wfr=spider&for=pc.

金融界. 阿富汗塔利班宣布组建新政府，部分政府官员名单公布！[EB/OL]. [2021-12-23].https://baijiahao.baidu.com/s?id=1710291725559434600&wfr=spider&for=pc.

环球时报. 阿富汗塔利班进入首都喀布尔后，举行首次记者会[EB/OL]. [2021-12-23].https://baijiahao.baidu.com/s?id=1708391950030509843&wfr=spider&for=pc.

中央广播电视总台央视新闻. 阿富汗塔利班宣布组建新政府穆罕默德·哈桑任代理总理[EB/OL]. [2021-12-23]. http://news.cctv.com/2021/09/07/ARTIOU8zjuCavUxvtS9zL9lQ210907.shtml.

该国背井离乡的人口总数超过350万人①。

四、动荡世界中的社会冲突风险保障

（一）国际社会冲突的各种因素和风险后果明显加剧

从上文案例中可看出，社会冲突是社会矛盾在集中的时间和场所内的表现形式，隐藏在激烈冲突背后的，是长期积累的社会政治民族宗教等矛盾。矛盾越尖锐，冲突越激烈。因此，在社会出现结构性失衡时，社会冲突会明显加剧。依次梳理发达的成熟市场国家、已形成区域经济中心的新兴市场国家、发展中国家的新兴市场、存在战乱风险的国家的社会冲突案例，可将社会结构性失衡归纳为三种情况。

一是经济增长滞缓，加剧政治领域的冲突。2020年，世界银行预计全球经济收缩5.2%，是第二次世界大战以来程度最深的经济衰退。国际货币基金组织连续两次下调全球经济增速预期，分别为–3%和–4.9%。在“蛋糕”难以做大的情况下，全球化背景下分配议题的重要性显著上升。全球化造成的南北差距、国内贫富差距，均是造成社会冲突的经济根源。同时，扮演协调者角色的政府，经济不景气也降低了其税收收入，债务长期累积，促进社会再分配的能力减弱，也削弱其对社会秩序的控制力。

二是当现有国际格局稳定性遭到破坏时，国内政策的外部约束弱化，国内力量平衡发生改变，长期潜藏的国内矛盾更易爆发。

三是突发性公共事件的发生，对政府能力造成考验。通常认为一个成功的国家需要具备以下三项条件：国家能力、法治和负责制政府。面对突发事件有效调配资源、高效决策执行，都是“国家能力”的重要体现。重大自然灾害、传染性疾病和其他系统性风险发生时，均对政府能力提出更高要求，也是社会矛盾容易集中爆发的时点。

① 参见联合国难民中国.联合国难民署警告称，阿富汗的人道主义危机迫在眉睫[EB/OL].[2021-12-23]. https://www.unhcr.org/cn/16113-联合国难民署警告称，阿富汗的人道主义危机迫在.html.

金融危机以来，全球大规模抗议和示威活动的数量增加了36%，从2000—2009年每年355起，上升至近十年平均每年482起。而2020年以来，大型传染病、气候变化、经济衰退、全球经济复苏不平衡等问题凸显，预计在相当长的时期内，社会冲突发生的概率和影响均将呈现明显上升趋势。

（二）国际上对社会冲突风险的保障需求日趋强烈

由各类国家的案例可见，在单一事件赔款额度不断创造新纪录的背景下，财产险对于SRCC条款的限制趋严，投保人转向特定的政治暴力险市场，越是保险损失高的地区，这种趋势越明显。

这一趋势不为社会冲突风险所独有。环境责任、网络风险、传染病风险均经历过上述过程，重大损失后，财产险、责任险等险种广泛采取责任除外，或通过列明避免“静默风险”导致的潜在纠纷，相应地，环境责任险、网络风险保险、政治暴力险、政治风险保险等险种需求量上升。

（三）对社会冲突风险提供保险保障仍存在诸多难点问题

国际市场中，无论是财产险SRCC条款，还是包含社会冲突风险保障的政治暴力险、政治风险保险，均为十分特殊的风险领域，专业能力要求很高。综合上文案例，可看出风险保障的特点和难点问题包括：一是如何处理财产险中SRCC与自然巨灾共同承保导致的风险问题，出现大型损失事件的市场中均已出现了在财产险中除外SRCC责任，或对SRCC责任进行限制的趋势；二是社会冲突事件难以通过统计学模型拟合，尤其是对于带有恐怖袭击性质的网络攻击事件缺乏模型分析，风险判断能力和精算定价能力是未来需要长期发展的核心竞争力，多数公司借助经纪公司研究成果、数据库信息获取信息，部分大型机构自主开发政治风险识别工具；三是从损失额度来看有逐渐增高的趋势，近年的冲突事件中损失额度大幅超过历史均值，且社会冲突具有较高的地域关联风险，一旦事故发生，同地区关联财产可能同时遭受巨额损失，对保险公司形成大范围累积，对偿付能力和承保能力提出更高要求，因此，排分渠道、共保机制和再保方案对承保社会冲突风险的保险公司而言尤为重要。

（四）完善社会冲突风险的识别与量化方法

目前各机构对“一带一路”沿线国家的风险已有广泛研究，成果包括国家风险地图、风险分析报告、数据库等。由于多数第三方机构的风险指标选取与再保险业务的实际需要存在差异，再保险机构根据自身业务特点设计国家风险分析框架，并形成自有数据库十分必要。

笔者根据社会冲突风险发生的影响因素，纳入表1所列的分析指标，指标核算分别采取了分层加权方法和包络分析方法，两者的结论对比形成量化结果，将数值转化为A1、A2、B1、B2、C1、C2、D1、D2、E九个风险等级，从而形成社会冲突风险地图。

表1　社会冲突风险量化分析框架

维度	一级指标	二级指标
经济环境	增长情况	GDP增速
		GNI增速
		人均收入
		基尼系数
	稳定性	银行流动性资产比率
		不良贷款率
		通货膨胀率
		广义货币增长率
		广义货币/GDP
		信贷规模
	财政平衡	财政平衡/GDP
		税收/GDP
	外部平衡	经常账户平衡/GDP
		贸易条件
		资本账户波动率
		兑美元波动率
		汇兑成本
		美元及黄金储备
	债务规模及结构	债务利息/出口
		外债/总收入
		优惠性贷款占比
		短期债占比

续表

维度	一级指标	二级指标
社会结构	人口	65岁及以上人口/总人口
		城市人口/总人口
		死亡率
		因战争死亡率
	劳动力	失业率
		劳工持有武器占比
		失学率
		教育支出/公共支出
国家治理	国家建构	恐怖主义和暴力控制
	法制	法制建设
		执行力
	负责制政府	行政效率及私有财产保护
		腐败控制
自然灾害	灾害损失	自然灾害造成每100万美元中的损失

上述社会风险分析的呈现方法为风险量化和识别的一般方法，也可作为业务承保的参考依据。

（五）强化社会冲突风险保障机制建设，为“走出去”企业保驾护航

“一带一路”倡议实施以来，我国企业“走出去”迈出坚实步伐。面对日益复杂的社会冲突风险，企业在“一带一路”沿线地区的投资、人员、项目亟待完善的风险保障。一是“走出去”企业应加强风险意识和保险意识。我国企业习惯于国内长期稳定的社会政治经济局面，对国际社会冲突风险认识不足、措施不够有力，由此造成的重大损失事件较多，阻碍了“走出去”步伐。国际上，通过保险途径化解社会冲突风险是海外投资企业和银行普遍采取的措施，我国“走出去”企业需要不断加强全面风险管理理念和措施，防患于未然，积极通过保险化解各种社会冲突风险事件。二是我国相关政府部门和资金信贷提供单位（银行等）应加强对“走出去”企业国际社会冲突风险管理的要求，建立相关制度安排，以强有力的社会风险保障措施作为企业“走出去”的前提和

保障，系统开展社会冲突风险评估，强制要求开展相关保险保障安排。三是我国保险行业应积极从国际市场引入承保技术，提升政治暴力险和政治风险专业能力，开发中文保单，拓展国内外市场，积极为“走出去”企业提供充分的保险保障和风险管理服务。

（六）通过政治暴力和政治风险保险联合体等机制，将“一带一路”企业面临的社会冲突风险在全球分散

在上文所述将政治暴力险承保技术引入国内市场的基础上，应积极整合海外渠道，借助劳合社等特险优势市场的平台，以联合体的形式整合国内外保险公司的承保能力和专业技术，为我国“走出去”企业分散风险服务。

2021年6月24日，中再集团旗下桥社集团（以下简称桥社）宣布在劳合社市场设立“一带一路”政治风险联合体并担任其管理机构。联合体旨在汇聚劳合社辛迪加的专业力量，为“一带一路”倡议的施工、运营和投资项目提供政治暴力险和政治信用险保障，全面提升服务“一带一路”的风险保障规模及能力。联合体为符合要求的中国“一带一路”相关项目提供最高4亿美元的政治暴力险承保能力和最高3亿美元的政治信用险承保能力。

联合体将提供市场领先的风险解决方案，为中国企业和其他共同投资者的海外资产提供应对政治暴力风险的保障服务。通过与劳合社辛迪加的协同与合作，提供国际一流的社会冲突风险解决方案。

上述案例表明，通过不断增强保障水平和提高专业服务能力，通过创新风险分散机制，我国保险行业可以更有效地分散“走出去”企业面临的各种风险，更好地为中国海外利益保驾护航。

参考文献

[1] 刘易斯·科塞. 社会冲突的功能[M]. 北京：华夏出版社，1989.

[2] 化险集团（Control Risk）．“9•11”二十周年：细数全球恐怖主义格局演变[EB/OL]. [2021-12-23]. https://www.controlrisks.com/zh/our-thinking/chinese/911-20years.

[3] 化险集团（Control Risk）.CORE全球风险信息平台.全球安全事件报告（2018年第一季度-2021年第三季度）[DB/OL]. [2021-12-23]. https://www.controlrisks.com/.

[4] 钱雪梅.阿富汗的大国政治[M]. 北京：中国社会科学出版社，2017.

[5] 中国大百科全书出版社编辑部（编）.中国大百科全书（74卷）社会学[M]. 北京：中国大百科全书出版社，2004.

[6] Anna Sagar .Capitol Hill Protests Could Fuel Change in PV Buying Habits[EB/OL]. [2021-12-23].https://www.insuranceinsider.com/article/2876n8ua7o41yuzbuofsw/capitol-hill-protests-could-fuel-change-in-pv-buying-habits.

[7] Anna Sagar, Bernard Goyder. Political Violence Market Faces Multi-hundred-million Loss from Colombian Protests[EB/OL]. [2021-12-23].https://www.insuranceinsider.com/article/28hzqb3whnsmgd248z5s0/political-violence-market-faces-multi-hundred-million-loss-from-colombian-protests.

[8] Anna Sagar. Riots-hit SMU Rendic Buys New $100mn SRCC Cover[EB/OL]. [2021-12-23].https://www.insuranceinsider.com/article/2876g3tplm0x3ntw608ao/riots-hit-smu-rendic-buys-new-100mn-srcc-cover.

[9] Anna Sagar. Terror Market Seen Escaping US Unrest Losses Despite Trump Comments[EB/OL]. [2021-12-23]. https://www.insuranceinsider.com/article/2876fsvzg2scz9v2ru9s0/terror-market-seen-escaping-us-unrest-losses-despite-trump-comments.

[10] Anna Sagar. US Protests Continue for Sixth Day Following Floyd Death [EB/OL]. [2021-12-23].https://www.insuranceinsider.com/article/2876fsvzg2scz9vb1zb40/us-protests-continue-for-sixth-day-following-floyd-death.

[11] Anna Sagar. Walmart Seeks up to $500mn in SRCC Cover in Wake of Chile Loss[EB/OL]. [2021-12-23].https://www.insuranceinsider.com/article/2876g3tplm0x3nt38g4qo/walmart-seeks-up-to-500mn-in-srcc-cover-in-wake-of-chile-loss.

[12] Aon. Terrorism & Political Violence Insurance Insight 2021[R/OL].[2021-12-23].https://insights-north-america.aon.com/improving-resilience/aon-terrorism-and-political-violence-insurance-insight-ebook.

[13] Bernard Goyder. Chile Riot Claims Expected to Approach $4bn[EB/OL]. [2021-12-23]. https://www.insuranceinsider.com/article/2876g9akodn75utrzvfnk/chile-riot-claims-expected-to-approach-4bn.

[14] David Miles, Ugo Panizza, Ricardo Reis, ÁngelUbide. And Yet It Moves: Inflation and the Great Recession[R]. CEPR Press: Geneva Reports on the World Economy, 2017.

[15] Leo Ronken, Horst Eilers. Strike, Riot and Civil Commotion−An Increasingly Significant Form of Cover[J]. Property Matters, 2020(9).

[16] Luke Harrison. Protests and Riots Rise 45% in MENA Driven by Pandemic Stresses[EB/OL]. [2021−12−23].https://www.insuranceinsider.com/article/29gndt2z1ro578yztzf28/protests−and−riots−rise−45−in−mena−driven−by−pandemic−stresses.

[17] Luke Harrison.London PV Underwriters Fear $1bn Loss from South African Riots[EB/OL]. [2021−12−23].https://www.insuranceinsider.com/article/28tjzm001o1il5s7024n4/london−pv−underwriters−fear−1bn−loss−from−south−african−riots.

[18] National Insurance Trust Fund. Strike, Riot, Civil Commotion & Terrorism Cover[EB/OL]. [2021−12−23]. https://www.nitf.lk/en/srcc.html.

[19] Samuel Casey, Luke Harrison.Cargo Market Braced for $40mn Loss from South Africa Arson Attack[EB/OL]. [2021−12−23]. https://www.insuranceinsider.com/article/28yxsepjk07axayvz6br4/cargo−market−braced−for−40mn−loss−from−south−africa−arson−attack.

[20] Panizza Ugo, Monica Yanez−Pagans. Why are Latin Americans So Unhappy about Reforms? [J]. Journal of Applied Economics, 2005(8):1−29.

重大传染病风险融资：模式比较及机制重构

吴洪　谢继龙

[摘要]　重大传染病风险的可保性存在显著的缺陷，且具有成灾渐进性、处理周期长、成本高等特点，导致其失去了商业保险的市场基础。本文分别介绍了世界银行流行病应急融资基金以及基于捐赠的融资模式，比较了两种融资模式的优缺点。基于中国的具体国情，本文提出一个由政府、私人部门和风险主体共同承担的重大传染病风险的融资机制，并确定基金参与主体与职责，对基金的运作流程进行设计，以及采用分层分担的方式建立政府与市场间的风险分散机制，以期为我国的重大传染病风险融资机制设计提供新的思路。

[关键词]　重大传染病风险；流行病应急融资基金（PEF）；融资机制；政府与私人资本合作（PPP）

[中图分类号] F841　[文献标识码] A

[基金项目]　本文受广东省2021年度财政科研项目“广东省个人养老金支持政策研究（Z202143）”支持。

[作者简介]　吴洪，经济学博士，深圳大学经济学院教授，研究方向为风险管理与保险；谢继龙（通讯作者），深圳大学经济学院研究生，研究方向为风险管理与保险。

一、引言

2019年12月以来，新冠肺炎疫情在全球曼延。截至2021年12月10日，全球新冠肺炎确诊病例达2.6亿人，死亡人数达528万人[1]。在此期间，一些国家迅速封锁边界和控制人员流动，控制了传染病大流行的趋势。例如，中国和澳大利亚，截至2021年12月10日，中国新冠肺炎确诊病例达12万人，5697人死亡；澳大利亚新冠肺炎确诊病例为22万人，2082人死亡[1]。另一些国家如美国和巴西，疫情防控速度慢，造成确诊病例与死亡人数的飙升。截至2021年12月10日，美国新冠肺炎确诊病例达4924万人，死亡人数达78万人；巴西新冠肺炎确诊病例达2216万人，死亡人数达61万人[1]。由此可见，传染病的预防和初期的有效控制对传染病风险的扩散起到极为重要的作用。

新冠肺炎疫情并非人类重大传染病的全部历史。表1总结了过去100年内全球发生的重大传染病事件。可以看出，传染病感染的人数越多，导致的死亡人数就越多，还有可能对社会与经济产生较大影响。1918—1920年的西班牙流感在全世界导致5000万人死亡。对传染病的预防与控制需要社会进行长期与持续的监测，对相应的资金、医疗设施和传染病研究水平都有较高要求。

表1　过去100年发生的各类重大传染病事件

时间	传染病	开始地区	死亡人数	感染人数
1918—1920年	西班牙流感	美国	5000万人	未知
1968—1969年	香港流感	中国香港	100万人	未知
1977—1978年	裂谷热	埃及	600人	600人以上
2002—2003年	“非典”	中国	800人	8000人
2009—2010年	甲型流感病毒	墨西哥	28万人	100万人
2013—2016年	丝状病毒	几内亚	1.1万人	3万人
2018年	埃博拉	非洲	2271人	未知
2019年至2021年12月10日	新冠肺炎	尚未明确	528万人	2.6亿人

资料来源：根据世界卫生组织公布数据整理所得。

重大传染病是系统性的公共卫生事件。虽然到目前尚无官方权威的经济损失数据，但其造成的经济损失可能远超我们想象。重大传染病风险的融资成为一个重要的风险管理问题。在没有建立成熟的融资制度情况下，各国主要依赖临时财政拨款的方式应对这一资金缺口。但是财政资金捉襟见肘的情况很常见，导致很多经济损失需要个人和企业自行承担。除此而外，多数国家的保险公司把传染病风险拒之门外。

美国的保险公司也并未将重大传染病列入保障范围，因此，一些州呼吁由保险行业来承担中小企业因疫情停工停业带来的经济损失，2020年3月，美国众议院金融服务委员会呼吁通过《大流行病保险法案》，以期建立由政府兜底的重大传染病风险分散机制[2]。因此，建立一个能够持续且成本较低的融资机制十分必要，这是重大传染病风险管理最重要的一步。这对填补公共财政支出的财力缺口以及传染病的预防和控制非常重要。基于此，本文将从理论的角度，通过对现有融资机制的分析，对建立PPP模式重大传染病风险融资机制进行探索，为PPP模式重大传染病风险融资机制提供理论依据和指导。

二、文献综述

基于医学视角，传染病指能在人与人、人与动物或动物与动物之间相互传播的一种疾病[3]。其种类多而广，如手足口病、流行性感冒等。基于灾害学视角，重大传染病指在一定时间、一定区域内，短期集中暴发、流行，波及范围广，造成或者可能造成公众健康严重损害的疾病[3]，如当前的新冠肺炎疫情。

有一些文献对传染病风险的特征进行了分析。重大传染病的可保性存在显著的缺陷，体现在以下四个方面：传染病可以在全国甚至全球范围内扩散；传染病风险是全球范围内的风险积累，同时影响多个险种（信用保证保险、寿险、营业中断险、活动取消险）；传染病风险与资本市场有较强的相关性，例如新冠肺炎疫情导致全球股市大跌、经济衰退；损失的不确定性更高导致定价不准确，失去了承保的基础（张楚莹，2020）[4]。传染病成灾具有渐进性，其传播与流行必须具备以下三个要素：传染源、传播途径及易感人群。因此，尽早发现并及时采取有力的控制措施切断其传播途径，是应对传染病风险的最有效的方法（许荣等，2020）[5]。传染病风险存在延误成本高的特征，传染源往往只有在人类出现感染后才会被发现，从而得到进一步的诊断与控制。如果没有及时发现传染源并控制传播途径，则会造成疫情防控的延误，感染的人数会迅速增长，延误导致的疫情防控资金将呈指数增长，因此，检测和控制的延迟的代价最终会非常昂贵（许荣等，2020）[5]。

另外一类文献在重大传染病融资模式及PPP模式方面提供了总结和分析。如谢志刚（2020）认为，重大突发传染病事件的应急处置机制，可以从“人”“财”“物”三个方面进行规划，其中，“财”和“物”的处置机制又都离不开“人”，特别要强化不同部门之间管理决策者的沟通和协调机制[6]。也有学者通过比较保险在“非典”新冠肺炎中的功能发挥与演进，指出保险是应对突发性社会事件的重要手段，将“非典”、新冠肺炎等突发公共事件纳入保险的保障范围已经成为社会共识（许闲等，2020）[7]。从国外经验来看，为应对重大传染病风险，在事前做好风险管理，联合国于1997年设立国别统筹基金（CBPF），于2005年设立中央应急基金（CERF）；世界卫生组织于2015年设立紧急情况应急基金（CFE）；世界银行于2016年设立流行病应急融资基金（PEF）（Brim和Wenham，2019）[8]；针对新冠肺炎疫情对美国造成的严重影响，2020年3月美国众议院金融服务委员会呼吁通过《大流行病保险法案》，以期建立由政府兜底的重大传染病风险分散机制[2]。

政府和私人资本合作（PPP）模式开始于政府引入私营部门进行公共基础设施建设，后来拓展为政府和私人资本合作提供公共品（王瀚洋和孙祁祥，2020）[9]。截至 2018 年底，全球至少有 135 个经济体建立了 PPP 模式的公共品提供制度，涵盖交通、能源等关系国计民生的重要行业（孙祁祥和岳鸿飞，2020）[10]。PPP是实现公私项目建设资金的融资模式；其实质是为实现公共需求，在政府与私人资本之间建立起来的合作关系。本文将PPP定义为政府和私人资本之间通过适当的资源分配、风险分担机制的一种合作关系，以满足事先确定的公共需求[9, 11]。

重大传染病风险的可保性存在显著缺陷，且重大传染病具有成灾渐进性、处理周期长，成本高等特点，不具有商业保险的市场基础。而防控传染病，尤其是治理重大传染病风险带来的各种社会问题，显然已经成为政府提供的“公共产品”。当前阶段，全世界疫情防控的资金主要来自政府与社会捐赠，这对传染病风险防控这一“公共产品”的提供形成了相当的制约。从国际经验来看，CFE、CERF、CBPF的融资模式主要依赖捐赠的方式，融资机制不具备稳定性与可持续性。PEF通过发行巨灾债券进行融资，融资机制具备一定的稳定性与可持续性，但其资金规模不大，资金释放的效率过低，还无法满足大规模传染病风险的资金需求。从总体来看，基于国家财政救济和基于捐赠的融资模式难以为继，亟须建立具有可持续性和韧性的传染病风险融资制度。

从现有文献来看，重大传染病风险必须采用不同于其他重大风险的融资模式，才能实现政策目标。但是，一方面，目前仅有的几例都是来自国外，与中国有较大的社会经济环境差异；另一方面，目前的几个例子，虽有融资差异，但应用范围比较小，融资规模也不大，对中国的借鉴意义比较有限。基于此，本文考虑通过PPP模式的强大动员力，构建中国特色的重大传染病风险融资模式，以期为我国的传染病风险融资机制建设献计献策。

三、现有融资机制及其比较分析

（一）世界银行流行病应急融资基金

2016年世界银行设立流行病应急融资基金（PEF）的目的在于，当特定的流行病发生时，为低收入的国家和非政府组织提供援助，防止流行病的扩散。这一制度具有一些鲜明的特色，本文分述如下。

1. 融资机制

PEF的融资机制如图1所示，PEF由世界银行、世界卫生组织、瑞士再保险公司与慕尼黑再保险公司共同发起，并得到德国、澳大利亚和日本政府捐赠资金支持。基金设有保险窗口和现金窗口，设立时预计5年内将在保险窗口筹集5亿美元，在现金窗口筹集0.5亿~1亿美元。世界银行于2017年6月发行流行病巨灾债券，分为A、B两类，A类巨灾债券发行规模为2.25亿美元，息票率为6个月期的伦敦银行同业拆借利率加6.5%，赔付上限为债券面值的16.67%；B类巨灾债券发行规模为0.95亿美元，息票率为6个月期的伦敦银行同业拆借利率加11.1%，赔付上限为债券面值的100%[5, 12, 13]。

最终，世界银行通过发行流行病巨灾债券融资3.2亿美元，通过金融衍生品——流行病风险连结互换融资1.05亿美元，保险窗口融资总计4.25亿美元；日本政府捐赠5000 万美元、德国政府捐赠7500万欧元、澳大利亚政府捐赠 720 万美元，现金窗口融资总计1.48亿美元[5, 12, 13]。

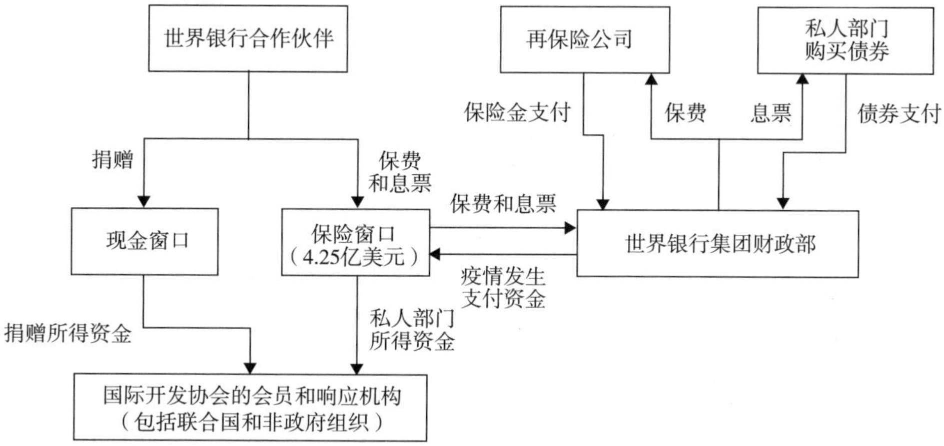

图1　PEF融资与运行机制[13]

2. 基金赔付流程

如图2所示，PEF分别通过现金窗口与保险窗口进行赔付。

现金窗口资金来源于捐款，由对其捐赠资助的国家（目前是澳大利亚和德国）来管理，赔付流程为：当疾病暴发，但还不满足保险赔付标准时，首先，国际开发协会的会员政府和响应组织向PEF协调员提出资金请求，其次，独立专家在48小时内审查请求，并向PEF协调员提出建议，最后，建议决定转向资金管理处，如果批准，现金窗口则释放资金。

保险窗口赔付流程为：当疾病暴发，满足保险赔付标准（满足12周等待期、达到一定死亡人数和感染地域分布的要求），由国际开发协会的会员政府和响应组织向PEF协调员提出资金请求，保险窗口释放资金，金额根据公开数据确定。

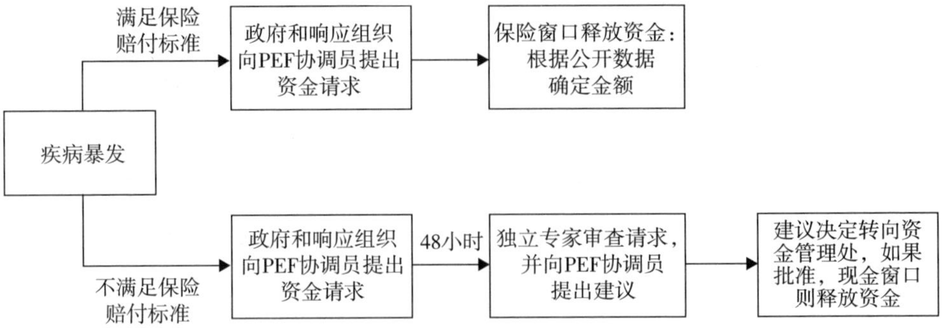

图2 PEF赔付流程

（资料来源：世界银行，https://www.worldbank.org/en/topic/pandemics/brief/pandemic-emergency-financing-facility）

3. 实施现状和评价

PEF设立后，当传染病发生，现金窗口释放过三次资金，分别于2018年5月为埃博拉疫情释放1140万美元，2019年为刚果民主共和国发生的疫情释放5000万美元，但还未有传染病满足保险窗口的触发标准，保险窗口还未释放过资金。此外，与发生传染病释放疫情防控资金相比，PEF支付给投资者的钱更多，截至2019年中期，PEF已支付给投资者1.145亿美元。因此，从该角度来看，PEF似乎更偏向投资者[5]。

研究发现PEF的保险窗口触发标准过于严格，并没有为疫情发生及时提供防控资金起到积极作用（Brim和Wenham，2019）[8]。世界银行也在对该机制进行完善，以期在发行第二期流行病巨灾债券中重点考虑地域因素，从而改进其触发标准。

（二）基于捐赠方式的融资机制

目前，基于捐赠方式的融资模式主要有联合国于1997年设立的国别统筹基金（CBPF）、于2005年设立的中央应急基金（CERF）以及世界卫生组织于2015年设立的紧急情况应急基金（CFE）。

根据表2分析，三个基金的成立与管理都属于同一机构，融资来源主要是各国的政府，以及基金会、公司、慈善机构和个人的捐赠。就融资规模而言，CFE

2015—2020年捐款总计1.59亿美元；CBPF自成立起获得捐款额总计超过60亿美元，其中2020年筹资总额8.63亿美元；CERF年度筹资目标为10亿美元，2020年筹资总额6.24亿美元，以及拥有3000万美元的贷款。从资金释放机制来看，CFE通常在24小时或更短的时间内释放资金，资金直接提供给世界卫生组织及合作伙伴；当突发事件发生时，CBPF与CERF由当地的人道主义组织负责确认需要援助的类型和分别向CERF、CBPF申请资金。从资金释放速度来看，CFE的释放速度最快，通常在24小时或更短的时间内释放资金，初始付款最高为50万美元，CFE2015—2021年2月资金释放总计达2亿美元。从资金去向来看，CFE释放的资金直接提供给世界卫生组织及合作伙伴；CBPF与CERF释放的资金可直接提供给联合国机构，国家和国际非政府组织（NOG）以及红十字会/红新月会组织。

表2　基于捐赠方式的融资机制

比较类别	CFE	CBPF	CERF
成立时间	2015年	1997年	2005年
成立及管理	世界卫生组织	联合国人道主义事务协调办公室	联合国人道主义事务协调办公室
资金来源	各国捐赠，目前有23个国家参与，如中国、德国等	主要是政府，但也包括基金会、公司、慈善机构和个人的捐赠	主要是政府，但也包括基金会、公司、慈善机构和个人的捐赠
筹资目标	无	无	每年10亿美元
资金情况	2015—2020年捐款总计1.59亿美元；2015—2021年2月资金释放总计2亿美元	自成立以来，获得捐款超过60亿美元，其中2020年筹资8.63亿美元；释放8.94亿美元	2020年筹资6.24亿美元，还拥有3000万美元的贷款
资金释放机制	CFE通常在24小时或更短的时间内释放资金，资金直接提供给世界卫生组织及合作伙伴	当事件发生时，当地的人道主义组织负责确认需要援助的类型和向CBPF申请资金	当事件发生时，当地的人道主义组织负责确认需要援助的类型和向CERF申请资金。CERF支付补助金类型：（1）当突发事件发生或现有紧急事件情况恶化时；（2）捐款不足时，对突发事件中的关键需求支付，每年进行两轮分配

续表

比较类别	CFE	CBPF	CERF
突发事件发生资金释放速度	24小时内（初始付款最高为50万美元）	NA	NA
资金去向	世界卫生组织及合作伙伴	可直接提供给联合国机构，国家和国际非政府组织(NOG）以及红十字会/红新月会组织	可直接提供给联合国机构，国家和国际非政府组织以及红十字会/红新月会组织
新冠肺炎疫情期间释放资金	NA	已释放2.49亿美元	已释放2.41亿美元

资料来源：根据世界卫生组织、OCHA官网数据整理所得。

（三）两种融资机制比较

从融资来源来看，CFE、CERF、CBPF的融资依赖捐赠的方式，根据表2分析，基金有设立融资目标，但最终融资总额离目标较远，如CERF每年融资目标为10亿美元，2020年融资总额为6.24亿美元；根据官网公布的年度报告显示，捐赠资金的成员也不固定。因此三个基金的融资模式都不具备稳定性与可持续性。相反，PEF通过发行巨灾债券进行融资，债券认购率达到200%[12]，将资本市场的力量引入疫情防控，融资机制具备一定的稳定性与可持续性。总体来说，捐赠模式的传染病融资相较于市场化的流行病巨灾债券模式，其融资可靠性、融资稳定性都比较低。因此，捐赠模式只能作为辅助方式而不能作为主流模式。

从运行状况来看，PEF运行状况良好。PEF设立后，保险窗口融资4.25亿美元，现金窗口融资1.48亿美元，截至2020年3月，现金窗口共释放6140万美元，保险窗口还未释放过资金，按照触发标准，由于新冠肺炎疫情，该基金可以通过流行病巨灾债券获取1.958亿美元[12]。根据表2，CFE在2015—2020年融资总计1.59亿美元，2015—2021年2月资金释放总计2亿美元；CEPF自成立以来，获得捐款总计超过60亿美元，其中2020年筹资总额8.63亿美元，释放总额8.94亿美元；CBRF 2020年筹资总额达6.24亿美元。在新冠肺炎疫情期间，CERF、CBPF释放的资金分别为2.41亿美元、2.49亿美元。由此可见，具有市场属性的PEF在运行上比仅仅依赖捐赠的基金更加平稳和可靠。

从资金的支付来看，CFE、CERF、CBPF的资金支付速度更快，更能满足传染病巨灾发生时的紧急资金需求。根据相关政策，如果突发事件发生，CFE可以在24小时内快速释放资金，释放的资金额度为50万美元；CERF、CBPF则可以由当地合作组织直接负责确认需要援助的类型和及时向CERF、CBPF申请资金，保证了在突发事件发生后能在最短的时间内释放资金。反观PEF，它的资金释放速度较慢，资金释放分现金窗口和保险窗口进行，现金窗口资金释放的触发标准较为宽松，保险窗口则需满足12周的等待期和达到一定的病例数量等触发标准，资金释放的效率太低且触发标准过于严格[8]。当然这种方式便于资金的投资管理及运用，值得借鉴。由此可见，捐赠模式的基金一般对资金支付设定的限制更少，支付效率更高。

综上分析，基金的融资来源、融资规模与资金释放机制在机制设计中至关重要。因此，对于重大传染病风险融资机制的建立，一方面，要考虑融资来源的稳定性与可持续性，PEF的融资机制具备一定的稳定性与可持续性，为我国重大传染病风险管理的建设提供了很好的思路；另一方面，要考虑融资规模与资金的释放机制，这将直接影响重大传染病风险最终造成的损失规模，基于捐赠模式的融资机制在资金释放机制方面值得借鉴。

四、基于PPP模式的重大传染病风险融资机制

（一）融资机制

从国内外实践来看，PPP模式呈现以下特征：第一，政府和私人资本一般达成长期合作，项目的周期长达 20~35年（Iossa和Martimort，2015）[15]；第二，PPP项目建设和运营过程中不确定因素多，如领导人改变、市场需求剧变等（祁玉清，2019）[16]；第三，PPP项目包含了各种繁杂的环节，如识别、采购、执行（王瀚洋和孙祁祥，2020）[9]；第四，政府与市场间科学合理的风险分担是提升PPP 项目效率的关键环节（祁玉清，2019）[16]；第五，PPP模式适用于项目建设时期的质量对服务阶段质量有重要影响，项目的需求稳定且容易预测，项目的初始投资比较低、投资价值高，政府信用好、制度环境完善等情形（Iossa和Martimort，2015）[15]。

PPP模式在考虑多任务且存在道德风险的情形下，不仅可以优化合同设计，降低运营成本，而且可以通过降低不确定性，带来更好的绩效（Iossa 和 Martimort，2012）[17]。各国发展 PPP是为了填补公共财政支出的财力缺口和追求高效率与专业性（孙祁祥和岳鸿飞，2020）[10]。在纯市场机制中，巨灾风险不可保且难负担。只有在政府与资本市场合作的机制中，巨灾风险才可保并有限定的可负担（卓志等，2011）[18]。同时，巨灾风险管理不是纯公共物品，它具有准公共物品的属性（卓志等，2012）[19]。PPP 模式融合了政府和社会资本各自的比较优势：一方面，社会资本可以运用市场化机制快速进行融资，将资本市场的力量引入疫情防控；另一方面，政府可以发挥强有力的动员能力，更广泛的资金筹措能力（如税收）和较强的借贷能力，向被保险人提供更充分的重大传染病风险保障。

本文将政府与私人资本合作定义为政府和私人资本之间通过适当的资源分配、风险分担机制的一种合作关系，以满足事先确定的公共需求[9, 11]。为更好应对重大传染病风险，基于世界银行设立PEF的思路和PPP模式，本文提出一个由政府、私人部门、风险个体共同承担传染病风险，采取政府基金、保险、债券等融资工具多层安排的融资机制，各参与主体融资过程中所处地位及相互间的关系，如图3所示。

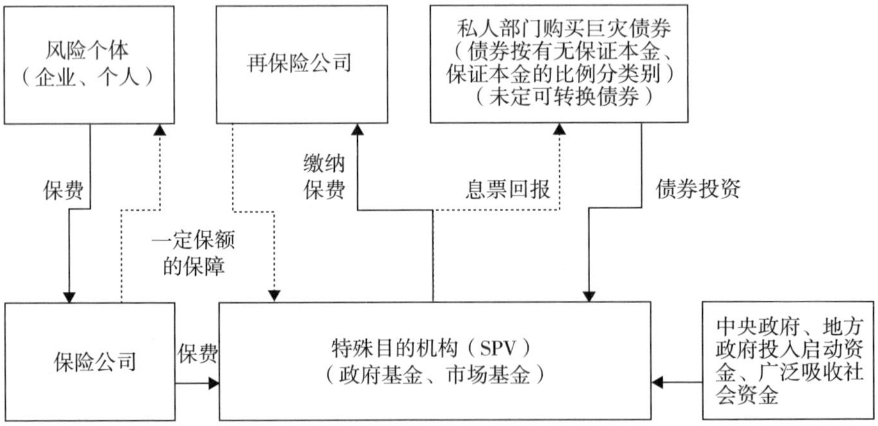

图3　基于PPP模式的融资机制

传染病风险基金账户分为两种：政府基金账户和市场基金账户，两者来源不同，赔付规则也不同。这有利于基金实现分层赔付。与此同时，设立一个特殊目的机构（SPV）负责管理融资所得资金。具体安排如下。融资主体：政府、私人部门、风险个体。融资渠道：中央政府、地方政府投入的启动资金；社会捐赠的资金；私人部门的债券投资和金融衍生品——传染病风险连结互换；SPV向再保险公司进行分保；企业与个人向保险公司交纳保费。融资机制分为三层，第一层：中央政府、地方政府投入启动资金和社会捐赠的资金存放在SPV管理的政府基金中；第二层：有传染病保险需求的风险个体（企业、个人）可以向保险公司交纳保费，此外，有传染病风险分出需求的保险公司可以向SPV进行分保，保费存放在SPV管理的市场基金中；第三层，SPV采取竞标的方式，选择传染病风险基金的运营管理人，由运营管理人制订合适的风险分散策略，包括发行传染病债券，或与国际再保险公司合作，制订再保险计划，寻求更多的融资渠道，融资所得资金存放在市场基金中。

（二）传染病风险基金的设立与运行流程

1. 参与主体与职责

PPP模式的重大传染病风险融资机制，包括三类主体：政府（或政府代理人）、基金平台和SPV以及私人市场主体。

（1）政府（或政府代理人）。

重大传染病风险管理具有较强的公共产品属性，因此，政府的参与（甚至是主导）是必要的。无论是传统的事后救济模式，还是逐渐兴起的捐赠模式，或多或少都少不了政府的参与。尤其是事后救济模式，政府参与度最高，但对政府造成的财政压力也最大。在面临范围较大的传染病风险时，政府甚至捉襟见肘，无法应对。在PPP模式下，政府作为传染病融资机制的发起人和监督方，承担着不可或缺的重要作用。

政府作用体现在以下几个方面：制度设计者；基金发起人，承担初始资金投入；基金运用的监督人；风险兜底人。

（2）基金平台和SPV。

基金平台是政府委托成立的重大传染病风险管理基金。由民政部、银保监会、财政部、国家卫生和健康委员会等部门联合成立重大传染病风险应急基金，委托基金委员会制定融资框架。在基金委员会下面，除了基金平台，还需设立一家SPV，负责资金筹集、分保等业务。基金的初始资金由政府拨款和捐赠构成，基金资金来源的另一个渠道是通过SPV获取保险公司的传染病风险保费，第三个渠道是通过SPV发行传染病巨灾债券筹措风险资金。

基金平台和SPV是重大传染病融资机制的核心机构，承担融资、管理、运行以及赔付的所有核心责任。

（3）私人市场主体。

参与该融资机制的私人市场主体，包括保险公司、再保险公司、捐赠机构、传染病债券投资人。它们与政府委托建立的传染病风险基金以及下属SPV的关系是合作关系。

保险公司向SPV转出传染病风险；再保险公司接受SPV的传染病风险转移；捐赠机构向基金捐赠慈善资金可以获得社会责任评级；传染病债券投资人，一般投资者为机构投资人，指医疗机构或者医药集团通过对冲或者投资获利。

SPV发行流行病债券后由私人部门进行购买，如果在债券期限内发生传染病，但未达到传染病赔付的触发标准，可以按期获得息票和本金；如果达到传染病赔付的触发标准，则不能按期得到息票和部分或全部本金。风险个体包括企业和个人，有传染病保险需求的风险个体可以通过向保险公司交纳保费来获得保障，与此同时，保险公司可以通过分保的方式向SPV交纳保费，在达到传染病赔付的触发条件时得到一定金额的保障。运营管理人负责将融资得到的政府基金、市场基金通过招投标或其他方式，选择独立的第三方机构对基金进行投资运作。独立第三方机构负责基金的投资运作，并且可以通过向再保险公司交纳保费来获得一定金额的保障。

2. 基金运作流程

如图4所示，首先，银保监会充分评估实际传染病风险状况、财政、税收支持力度，保单持有人的承受能力，确定传染病保险的市场价格。国内保险市场上的保险公司按该价格在市场上向企业和个人销售传染病保险。国内商业保险公司根据自身风险状况，有传染病风险分出需求的保险公司作为发起人，设立一家SPV，决定将汇集的风险向 SPV管理的市场基金分出的比例。

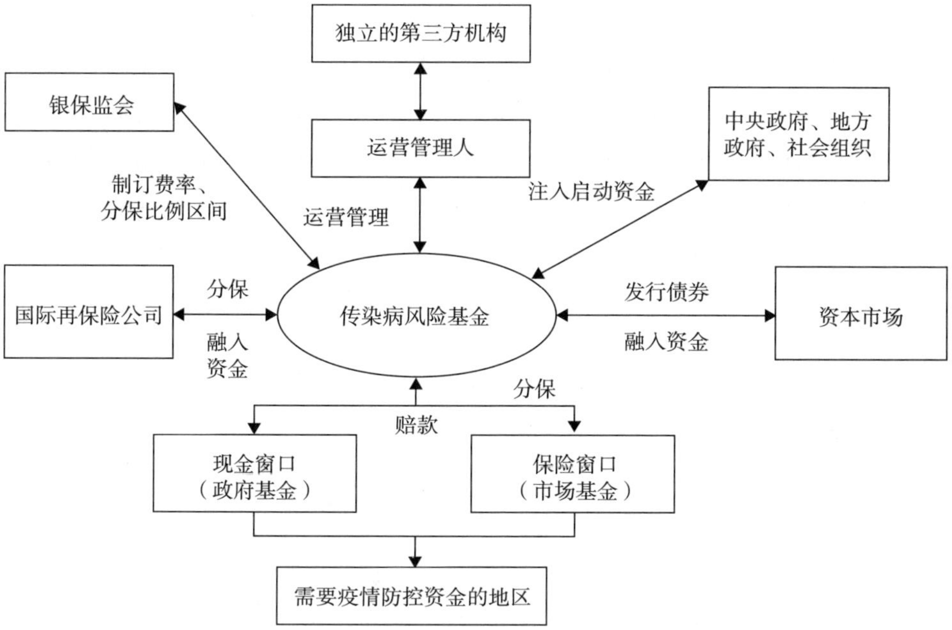

图4　传染病风险基金的运作流程

与此同时，中央政府、地方政府将启动资金注入SPV管理的政府基金中。SPV采取竞标的方式，选择传染病风险基金的运营管理人，由运营管理人制订合适的风险分散策略，包括发行传染病债券，或与国际再保险公司合作，制订再保险计划，寻求更多的融资渠道，更好地分散传染病风险，此部分融资所得资金存放于市场基金中。

赔付流程中设立两类窗口的支付机制。第一类是现金窗口，资金来源于政府基金，旨在当传染病发生还未达到释放市场基金的标准时先行快速释放部分资金，防止传染病的扩散以及用于达到保险限额赔付之后的兜底。第二类是保险窗口，资金来源于市场基金，当传染病暴发达到触发标准（满足一定病例数、致死率的要求）时释放资金用于疫情防控，传染病事件发生后，开始启动两个支付窗口，释放疫情防控资金给需要的地区。

3. 政府与市场间的风险分担

政府与市场间科学合理的风险分担是提升PPP 项目效率的关键环节（祁

玉清，2019）[16]。政府与市场间风险分担机制可分为政府全担和分层分担。其中，政府全担的案例可参考美国洪水保险制度、新西兰地震保险制度；分层分担的案例可参考美国恐怖主义保险法案、日本地震保险制度[11]。因此，传染病分担风险的机制可分为政府全担和分层分担[4]。结合传染病风险融资机制与基金运作流程，本文采取政府与市场间分层分担风险的分散机制，这有利于发挥政府和市场各自的比较优势。

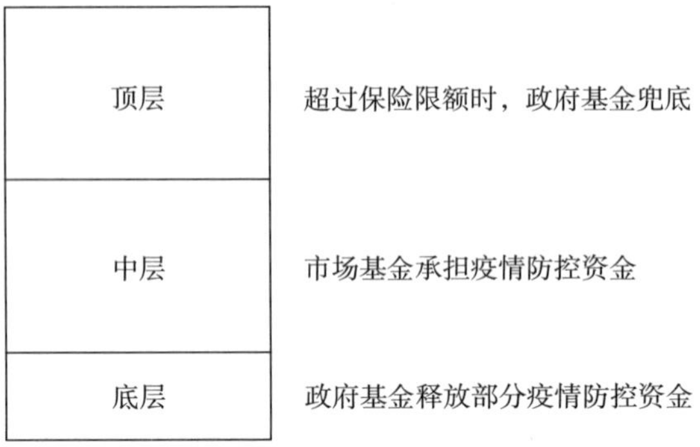

图5　传染病风险分层分担分散机制

如图5所示，本文将传染病的风险分散机制设定为底层、中层、顶层三个层次。底层：对于发生类似新冠肺炎的传染病时，在未达到释放保险金的触发标准时，根据传染病暴发地区发布的疫情消息以及结合省级行政单位启动突发公共卫生事件的响应级别，由政府基金在现金窗口来承担疫情防控资金。中层：当疫情达到释放保险金的触发标准时，由市场基金来承担疫情防控资金。顶层：规定保险限额，当市场基金赔付超过保险限额时，由政府基金兜底。

与此同时，为避免商业保险公司将承保的所有传染病风险都转移给传染病风险基金，银保监会对商业保险公司承保的传染病风险向传染病融资基金转移的比例进行上限和下限的规定。通过规定风险转移上限，商业保险公司也需要承担一定比例的传染病风险，避免保险公司在赔付时的道德风险；规定风险转移下限，让保险公司不至于承担过多的传染病风险，影响其在承保时的积极性。

为了保证资金市场融资渠道的稳定性与融资资金的充足性，对于发行的传染病巨灾债券分为本金有无保证和本金保证部分比例的类别，根据本金保证的不同类别对应设定不同的息票回报率，有利于投资者根据自身承担风险的能力选择不同类别的债券。

五、总结与展望

重大传染病风险具有可保性挑战大、损失的不确定性高以及延误成本高的特点，导致其失去了传统商业保险承保的基础。但是，在重大传染病发生的初期，疫情防控资金的及时到位，对控制疫情传播的范围和降低未来损失都十分重要。基于此，必须合理规划重大传染病风险基金融资机制，解决市场失灵问题。

本文通过对现有融资机制的研究，发现基于捐赠方式的融资模式，资金来源不具备可持续性与稳定性，但资金释放机制值得借鉴。而世界银行设立PEF，通过发行流行病巨灾债券进行融资，融资机制具备一定的稳定性与可持续性，并且能将资本市场的力量引入疫情防控，为我国重大传染病风险管理的建设提供了很好的思路。

PPP 模式融合了政府和私人资本各自的比较优势。因此，论文提出一个由政府、私人部门和风险个体共同承担的重大传染病风险的融资机制，并确定传染病融资基金的参与主体与其职责，对基金的运作流程进行梳理，以及将政府与市场间风险分散机制分为底层、中层、顶层的分层分担机制，以期为我国传染病风险建设风险管理体系提供思路。需要强调的是，一方面，无论采用何种 PPP 模式，都应该把项目的运营让渡给市场，政府则主要发挥发起、兜底和监管功能。另一方面，政府与市场间风险分担的确定，是提升PPP项目的关键环节。对于政府基金与市场基金触发标准的设定也非常重要，这将关系到PPP项目能否良好运营。有效市场加上有为政府，这才是确保重大传染病融资机制稳定运行的秘诀。

参考文献

[1] WHO. WHO Coronavirus (COVID−19) Dashboard[EB/OL]. [2021−07−05]. https://covid19.who.int/table.

[2] Steve E. U.S. Congress committee calls for Pandemic Risk Insurance Act (PRIA)[EB/OL]. (2020-03-25)[2021-01-26]. https://www.artemis.bm/news/u-s-congress-committee-calls-for-pandemic-risk-insurance-act-pria/.

[3] 王洪婧，王薇，胡友利，等. 重大传染病疫情下患者强制信息披露制度探讨[J]. 中国公共卫生, 2020,36(12): 1717—1720.

[4] 张楚莹. 传染病风险转移机制的顶层设计[J]. 保险理论与实践，2020(7): 18-30.

[5] 许荣，黄彧，戴稳胜. 传染病疫情风险保险市场建设研究——基于世界银行“流行病应急融资基金”的研究综述[J]. 保险理论与实践, 2020(5): 7-19.

[6] 谢志刚. 重大突发公共卫生事件医疗救治费用应急处置机制构想[J]. 上海保险，2020(3): 11-14.

[7] 许闲，杨鋐毅，刘炳磊. 保险在应对公共卫生事件中的功能发挥与演进——基于2003年非典与2020年新冠肺炎疫情的比较视角[J]. 财经理论与实践，2020,41(2): 2-8.

[8] Brim B, Wenham C. Pandemic Emergency Financing Facility: Struggling to Deliver on Its Innovative Promise[J]. BMJ, 2019(367): l5719.

[9] 王瀚洋，孙祁祥. PPP巨灾保险的理论评述[J]. 财政研究，2020(11): 115-128.

[10] 孙祁祥，岳鸿飞. 全球PPP经验与中国实践[J]. 中国金融，2020(6): 30-34.

[11] 刘明波. 中国巨灾风险融资机制设计研究[D]. 成都：西南财经大学博士学位论文，2014.

[12] 李晓翾，常笑迎. 传染病风险的资本市场解决方案:流行病巨灾债券及其定价分析[J]. 保险研究，2020(4): 77-83.

[13] Stein F, Sridhar D. Health as a “Global Public Good”: Creating a Market for Pandemic Risk[J]. BMJ, 2017(358): j3397.

[14] 吴茜. 世界银行流行病债券的设计思路及相关启示[J]. 债券, 2020(6): 82-85.

[15] Iossa E, Martimort D. The Simple Microeconomics of Public-Private Partnerships[J]. Journal of Public Economic Theory, 2015,17(1SI): 4-48.

[16] 祁玉清. PPP项目“风险分担”与“隐性收益保证”的异同分析与政策建议[J]. 宏观经济研究, 2019(11): 97-101.

[17] Iossa E, Martimort D. Risk Allocation and the Costs And Benefits of Public——Private Partnerships[J]. Rand Journal of Economics, 2012,43(3): 442-474.

[18] 卓志，丁元昊. 巨灾风险：可保性与可负担性[J]. 统计研究，2011,28(9): 74−79.

[19] 卓志，王化楠. 巨灾风险管理供给及其主体——基于公共物品角度的分析[J]. 保险研究，2012(5): 16−22.

新保险合同会计准则IFRS 17对保险公司收入的影响分析

孙火秀　曾诚　王煦楠

［摘要］　《国际财务报告准则第17号——保险合同》（IFRS 17）的实施将使各国保险公司之间、保险业与其他行业之间的财务报表更具有可比性，同时由于核算规则的变化，寿险公司收入预期会大幅下滑，财险公司收入基本不受影响。新准则下收入的下降可能对整个保险行业的市场影响力造成一定的负面影响。本文分析了IFRS 17给保险公司收入带来的影响。对于保险业务收入，IFRS 17规定保险公司按照提供的服务在整个保险期间内逐步确认，且需要剔除投资成分。根据银保监会对几家上市保险公司开展的测试结果，寿险公司保险业务收入普遍降幅在60%~70%。为应对IFRS 17对保险公司收入带来的影响，建议保险公司：重新审视规模、收入、利润与价值之间的关系，合理制定与自身发展相适应的战略规划；明晰不同业务的收入特征，通过对产品策略的制定和调整实现对收入的精细化管理；以新准则的实施为契机，推动保险公司提升自身的数据管理能力。

［关键词］　IFRS 17；收入计量；财务报表

［中图分类号］F840.32　O212　［文献标识码］A

［作者简介］　孙火秀、曾诚、王煦楠，现供职于阳光保险集团精算部。

一、IFRS 17 实施背景

（一）“国际版”IFRS 17

国际会计准则理事会（IASB）发布的财务报告准则是全球最为权威的会计准则，被许多国家或地区所采用。IASB认为及时、准确、透明地披露保险合同相关信息，既有利于反映保险公司经营风险、维护金融稳定，也有助于促进保险公司和外部投资者之间更好的沟通。长期以来，国际上并没有一个统一的保险合同会计准则，各个国家或地区的保险合同会计处理方式存在差异，会计结果难以比较。此外，由于保险业本身经营的复杂性、长期性，保险业和其他行业之间的会计结果也缺乏可比性，保险公司的财务报表较难以被外部投资者解读，会计信息缺乏透明度。

在此背景下，2017年5月，IASB正式发布了《国际财务报告准则第17号——保险合同》（IFRS 17），这是有史以来最复杂的会计准则之一。准则原定于2021年1月1日实施，但考虑到IFRS 17准则的复杂性、实施难度较大，IASB在2019年4月宣布推迟至2022年1月1日实施。考虑到新冠肺炎疫情的影响，IASB在2020年3月再一次将准则推迟至2023年1月1日实施。IFRS 17的实施将使各国保险公司、保险公司与其他金融业公司的财务报表更具有可比性，同时财务报告的透明度将大大增强，这或将使保险公司的跨国合并、收购案例有所增多。

（二）“中国版”IFRS 17

进入21世纪以来，中国政府推动中国企业会计准则与国际财务报告准则趋同，2010年《财政部关于印发中国企业会计准则与国际财务报告准则持续趋同路线图的通知》中规定“趋同时间安排与IASB的进度保持同步”。我国保险业现行的会计准则包括《企业会计准则第25号——原保险合同》《企业会计准则第26号——再保险合同》《企业会计准则解释第2号》《保险合同相关会计处理规定》，这些准则充分吸收了当时IASB保险合同准则制定的最新成果，正因为如此，我国目前的保险合同会计准则理念与IFRS 17也很接近，为未来IFRS 17的顺利实施奠定了良好的基础。2020年12月财政部发布《关于修订印发〈企业会计准则第25号——保险合同〉的通知》，新准则与IFRS 17保持了趋同，被视为

IFRS 17的“中国版”。该通知规定，在境内外同时上市的企业以及在境外上市并采用国际财务报告准则或企业会计准则编制财务报表的企业自2023年1月1日起实施该准则，其他企业自2026年1月1日起实施。

IFRS 17的实施将为保险业带来巨大变革，保险公司自身定位以及公司战略发展、产品策略、系统建设、内部管理制度等都将因IFRS 17的实施受到影响。本文主要从收入的角度出发，针对IFRS 17实施给保险公司收入带来的影响进行全面、细致的分析。

二、IFRS 17下的收入确认

在国内现行准则下，保险公司的收入主要分为保险业务收入和投资业务收入两个部分。保险业务收入体现为已赚保费（保费收入扣除未到期责任准备金[①]提转差），投资业务收入体现为投资收益。IFRS 17下，收入的确认标准与国内现行准则存在一定的差异。

（一）保险业务收入

根据收入准则的原则，公司应当在履行了合同中约定的义务时确认收入，即收入的确认以公司向客户提供的服务为基础。但在现行的保险合同会计准则下，保险公司按照客户所交保费确认收入。对于财险行业，当期提供的服务通过在保费收入中扣除未到期责任准备金提转差来进行反映，体现了服务提供与收入确认的一致性；而对于寿险行业，客户所交的保费在交费期内被全部确认为收入，这与收入准则的原则相悖。IFRS 17有效吸收了以提供服务为基础的收入准则的基本理念，要求保险公司按照提供的服务在保险期间内逐步确认收入。

① 未到期责任准备金指短期保险的责任准备金。

目前寿险公司销售的保单一般包含保障和投资两种功能。在现行准则下，只要产品能够通过重大保险风险测试（保险风险比例达到一定的水平），保费金额就可以全部确认为收入。IFRS 17则认为保费中的投资成分（即使不发生保险事故也需要返还给客户的金额，如产品的退保现金价值）与公司提供的保险服务无关，因此不能被计入保险业务收入。

（二）投资业务收入

在国内现行准则下，保险公司的投资收益全部确认为收入，而银行类金融机构需要在扣除给存款人的利息支出后，仅将净息差的部分计入收入。相较而言，保险公司放大了投资业务收入。目前IFRS 17并未明确规定投资业务收入该如何计量，但根据其追求跨行业可比性的原则，保险公司在吸收储蓄性保费，为客户提供投资服务时，相应的收入应该仅考虑利差部分。因此我们推测，一种可能是在IFRS 17下完全不考虑投资业务收入，另一种可能是需要在投资收益中剔除负债的利息成本，以净利息的方式计入收入。

（三）对保险行业的影响

对于财险公司而言，IFRS 17的实施不会对收入造成太大的影响，其原因在于：第一，财险公司主要经营短期险业务，现行准则下的已赚保费等于保费收入扣减未到期责任准备金提转差，这个概念与IFRS 17下按照当期提供的服务确认收入的原则是一致的；第二，财险公司主要经营消费型险种，所收取的保费中不包含投资成分；第三，财险公司基本没有储蓄型业务，不需要向客户支付利息成本，因此IFRS 17的实施对投资业务收入不会有影响。

对于寿险公司而言，IFRS 17的实施预期会导致收入的大幅下滑。第一，现行准则下扣减的未到期责任准备金提转差仅涉及短期险，长期险的准备金提转差在营业支出中体现。由于寿险公司主要经营长期险业务，寿险公司的已赚保费与当期提供的服务是不匹配的。第二，寿险公司经营大量的储蓄型业务，IFRS 17下需要将投资成分从收入中剔除。第三，寿险公司为储蓄型业务的客户提供投资服务，根据IFRS 17追求跨行业可比性的原则，推测其投资收益需要在扣除支付给客户的利息成本后计入收入。

由于公司之间业务结构存在差异，IFRS 17对各公司收入影响的具体幅度也会不一样。一般来说，存量业务较大、保障型业务占比较高、长交费期业务占比较高的公司受到的影响会相对较小。根据银保监会和财政部会计司联合对几家上市保险公司开展的初步测试结果，寿险公司保险业务收入普遍降幅为60%~70%。

《财富》世界500强按照营业收入进行排名。2020年全球入榜企业中，金融业共计117家，其中保险54家。中国①共有7家保险公司上榜，泰康保险集团和中国太平保险集团相比2019年分别上升74位和59位，为排名上升最快的两家公司。IFRS 17实施后，由于收入的"缩水"，以寿险业务为主的保险集团排名可能会面临大幅下滑。

表1　7家中国保险公司上榜2020年《财富》世界500强

序号	公司名称	营业收入（百万美元）	利润（百万美元）	2020年排名	2019年排名	排名变动
1	中国平安保险集团	184280	21627	21	29	8↑
2	中国人寿保险集团	131244	4660	45	51	6↑
3	中国人民保险集团	79788	3204	112	121	9↑
4	中国太平洋保险集团	55800	4016	193	199	6↑
5	中国太平保险集团	31912	586	392	451	59↑
6	泰康保险集团	29502	3212	424	498	74↑
7	华夏保险公司	28494	122	449	442	7↓

资料来源：《财富》杂志官网，https://fortune.com/global500/。

按照IFRS 17下寿险公司保险业务收入和投资业务收入均下降60%预估，中国平安保险集团、中国人寿保险集团这两家营收在千亿美元以上的巨型公司在IFRS 17下的收入仍然足以进入世界500强排行榜的前200名。营收排名第三位的中国人民保险集团的业务以财险为主，IFRS 17下收入下降幅度较小，调整后的

① 不含港澳台。

收入与中国人寿保险集团基本处于相同水平。中国太平保险集团、泰康保险集团、华夏保险公司三家体量相对较小的公司在IFRS 17下则可能无法进入世界500强的排行榜。

表2 预计IFRS 17下保险公司在世界500强中的排名将大幅下滑

公司名称	2020年原排名	IFRS 17下排名预估	排名下降
中国平安保险集团	21	51	30
中国人寿保险集团	45	162	117
中国人民保险集团	112	159	47
中国太平洋保险集团	193	390	197
中国太平保险集团	392	500名以外	—
泰康保险集团	424	500名以外	—
华夏保险公司	449	500名以外	—

资料来源：《财富》杂志官网，https://fortune.com/global500/，以及各保险公司公开披露的年报。

三、IFRS 17下的收入计量

（一）计量的方法

IFRS 17下收入计量的核心原则是保险公司按照为客户提供的服务和履行的责任确认收入，因此当期负债的释放即代表公司提供了服务，对应的金额可以计入当期收入。为了完成IFRS 17下保险业务收入的计量，需要首先完成对负债的计量。IFRS 17下保险合同负债由预期未来净现金流折现值、风险调整（RA）和合同服务边际（CSM）三部分组成，其内涵与现行准则中的最优估计负债、风险边际和剩余边际基本一致。

表3 IFRS 17下的保险合同负债构成与现行准则基本一致

IFRS 17下保险合同负债	现行准则下保险合同负债	备注
预期未来净现金流折现值	最优估计负债	最优估计假设下的未来现金流折现值
风险调整（RA）	风险边际	因承担未来现金流的不确定性而要求获得的补偿
合同服务边际（CSM）	剩余边际	首日利得，即保单在签单时刻的承保利润

（二）收入的构成

公司向客户收取的保费可以分成三部分：未来预期支付给客户的各项保险利益、未来预期发生的费用以及公司承保该保单的预期利润。在剔除保险利益中的投资成分之后，将上述三部分按照提供的服务在保险期间内进行分摊，即可以完成IFRS 17下保险业务收入的计量。

1. 合同服务边际摊销

与现行准则一致，IFRS 17下禁止提前确认利润，相应的收入只有在服务完成时才能得到确认。合同服务边际（CSM）按照当期保障责任在未来保险期间内的总保障责任中所占的比例进行摊销。

2. 预期赔付和维持费用

预期赔付和维持费用直接反映公司当期为客户提供的服务。为了真实衡量公司提供的保险服务，需要把投资成分从预期赔付中剔除。

3. 风险调整释放

风险调整代表未来现金流的不确定性，风险调整在每期的释放反映了公司当期因承担超过最优估计的额外赔付和费用而提供的服务。

4. 获取费用摊销

作为保险公司发生费用的一部分，获取费用也反映了公司为客户提供的服务。保险公司往往需要在首期支付高额的代理人佣金及手续费，因此获取费用一般会远远高于维持费用。IFRS 17认为保单获取成本的支出不仅与当期收入相关，还与之后的各期收入相关，因此不能在首期将获取费用全部确认为收入，而是需要将获取费用在保险期间内进行摊销，逐步确认收入。

5. 损失摊销

对于有首日利得（合同服务边际大于零）的产品，IFRS 17下的保险业务收入由上述四部分构成。从产品的整个保险期间来看，在没有投资成分且折现率为零的假设下，上述四部分的金额总和与公司收取的保费金额完全相等。但对于有首日亏损的产品而言，由于预期未来赔付和费用的总和大于保费，按照上述四部分确认的收入将超过保费金额，造成收入的高估。为了解决这一问题，IFRS 17引入“损失摊销”的概念，即每期按照一定的规则，将亏损部分在保险期间内进行摊销，每期摊销的损失金额将等量减少当期确认的收入。

四、管理建议

（一）战略发展方面

IFRS 17对于收入计量方法的改变会鼓励保险公司大力发展保障型业务。但除了风险保障以外，长期储蓄也是保险业的重要功能，长期储蓄型产品对于消费者和保险公司来说都具有重要意义。对于消费者而言，长期储蓄型产品可以锁定未来的收益，实现资产的稳定增值；对于保险公司而言，长期储蓄型产品的销售能够帮助公司赚取利差，提升公司的利润和价值。因此，各家保险公司需要综合考虑规模、收入、利润与价值之间的关系，根据自身的定位确定发展目标，尽可能地实现不同管理目标之间的平衡。

（二）产品策略方面

IFRS 17下对收入的管理将变得更为复杂，各保险公司需深入研究新准则下不同类型产品的收入轨迹，在制定业务规划时进行充分的考虑，从而与公司的发展规划目标相匹配。为了在公司层面实现对收入的精细化管理，对收入的考量将贯穿产品策略的制定、调整以及产品设计和定价的整个流程。IFRS 17下投资成分不再计入收入，投资型产品对收入的贡献大幅降低。而短期险由于不含有投资成分，向客户收取的保费可以在一年内全部确认为收入，因此可以考虑将该类产品的销售作为短期内提升收入的一个方式。

（三）运营管理方面

IFRS 17不仅是会计核算规则的变化,更是对保险公司系统和流程的一次变革。数据将成为保险公司在实施IFRS 17过程中面临的一个重大挑战，新准则对数据颗粒度、存量数据记录的要求都有很大的提高。因此，保险公司可以借助IFRS 17的实施来提高自身的数据管理能力，在对现有业务、财务、精算、投资等系统进行改造与优化的基础上，实现数据质量、数据一致性以及数据提取效率的提升。对于保险公司而言，数据管理能力的提升不单是精确编制IFRS 17报表的前提，更是对未来公司收入、利润、价值等指标进行预测和管理的基础。

新能源汽车保险市场及专属保险产品研究

傅若兰　谢飞　李超

［摘要］　2021年，国内新能源汽车销售呈现爆发趋势，新能源汽车专属保险产品也在万众期待中落地。本文从新能源汽车产业及新能源车险发展的重要意义、新能源车险市场趋势与特点、新能源车险专属条款与基准保费表特点分析以及保险公司新能源车险发展建议四个方面，剖析在新能源汽车产业高速发展的浪潮中，保险行业及时推出新能源车险专属保险产品，充分适应了新能源汽车产业及消费者的特定需求。为适应新的商业模式与风险特征，建议保险公司有效参与到新能源汽车产业链当中，加强产业融合、实现跨界数据融合共创，持续提升风险管理与定价能力，同时加速推进新能源汽车产业相关保险产品服务创新，发挥保险资金作用，支持新能源汽车产业发展。

［关键词］　新能源汽车；新能源汽车保险；《新能源汽车商业保险专属条款（试行）》

［中图分类号］F842.6　［文献标识码］A

2021年，国内新能源汽车销售呈现爆发态势，增速远高于传统燃油汽车，全年销量同比增速高达157.5%。同时，新能源汽车渗透率快速攀升，12月单月

［作者简介］　傅若兰，中国再保险（集团）股份有限公司中国再保险研究院经理助理；谢飞，中国财产再保险有限责任公司创新业务部高级承保师；李超，中国再保险（集团）股份有限公司中国再保险研究院经理助理。

渗透率已达19.1%，也就是说每卖出5辆新车，就有1辆是新能源汽车。2021年12月，新能源车险专属条款与基准保费表正式发布，首批新能源汽车专属保险产品面世。本文尝试分析新能源汽车的爆发式发展将如何影响车险业务发展，以及车险市场的竞争格局，研究新能源车险专属条款与基准保费表的突出特点，并对保险公司新能源车险发展提出建议。

一、新能源汽车产业及新能源车险发展的重要意义

（一）发展新能源汽车产业是达成“双碳”目标的重要支撑

气候变化问题早已成为全世界关注的焦点，全球多数发达国家和发展中国家已经明确提出要在2060年前实现碳中和，而交通运输领域是仅次于能源、工业的碳排放第三大来源。截至2019年底，道路直接二氧化碳排放量近8亿吨，占我国二氧化碳排放总量的8%左右。[1]在碳中和背景下，绝大多数国家将推广新能源汽车视为实现减排的重要支撑，多个国家（地区）已经宣布停售燃油汽车的时间。

表1　部分国家（地区）燃油汽车停售时间

国家（地区）	燃油汽车停售时间
意大利罗马	2024年
挪威、墨西哥、希腊雅典、西班牙马德里、法国巴黎	2025年
荷兰、英国、印度、以色列、中国海南省、日本东京	2030年
意大利、加拿大、日本	2035年
西班牙	2040年

（二）发展新能源汽车产业是我国建设制造强国实现“弯道超车”的重要抓手

要成为制造业强国，就要做汽车强国；发展新能源汽车是我国从汽车大国迈向汽车强国的必由之路。我国“十四五”规划明确提出，聚焦新能源汽车等战略性新兴产业、在氢能等产业组织实施未来产业孵化与加速计划等。《新能源汽车产业发展规划（2021—2035年）》提出，到2025年，新能源汽车新车销售量达到汽车新车销售总量的20%、高度自动驾驶汽车实现限定区域和特定场景商业化应用、充换电服务便利性显著提高；到2035年，纯电动汽车成为新销售

车辆的主流，公共领域用车全面电动化，燃料电池汽车实现商业化应用，高度自动驾驶汽车实现规模化应用。从市场规模来看，我国已经成为全球最大的新能源汽车市场，产销量连续七年稳居世界首位。

（三）新能源汽车产业将从根本上改变车险市场格局

新能源车险未来将成为车险业务增量的主要来源。特别是在车险综改背景下，发展新能源车险成为大公司转型、中小公司生存的必争之地。中国汽车工程学会[2]、中国汽车技术研究中心[3]等专业机构预测，2035年新能源汽车销量将占汽车总销量的50%。预计目前占比仅1.30%的新能源车险未来将占据车险保费规模的半壁江山，未来15年将确定保持高速增长。此外，由于目前新能源车表现出突出的互联网赋能、数字化特征，新能源车险将成为车联网、UBI、自动驾驶责任险等产品创新落地的主要场景。

（四）新能源汽车产业将为车险行业带来彻底的商业模式革新

从新能源车险的发展趋势看，各新能源车企纷纷入局，力图打造“新能源车生态”，贯通生产制造、销售、用户使用数据、风险保障和风险管理全链条。新能源车的发展，将对汽车行业及汽车保险的商业模式产生巨大重塑变革效果。

车险是财产险的重要组成部分，随着新能源车占比的提升，相应的保险份额将极大提升。基于此，新能源车企入局预计将对财产险竞争格局带来更多不确定性。保险公司能否及时适应并跟随新浪潮，掌握数据与风险特性、精准定价，以及如何有效参与到新能源汽车产业链当中，是迫在眉睫的课题。

二、新能源车险市场趋势与特点

（一）需求爆发：确定无疑的增长潜力

新能源汽车产业已步入高速发展阶段。以 2009年“十城千辆”为起点，政府补贴力度加大，我国新能源汽车在2014—2018年发展突飞猛进。2019年，新能源汽车发展由政策驱动向市场驱动过渡，销量增速一度受政策和疫情影响有所回落。但到2021年，新能源汽车销量已呈现爆发态势，增速远高于传统燃油汽车，根据中国汽车工业协会数据，2021年我国新能源汽车产销量分别达到354.5万辆、352.1万辆，同比分别增长159.5%、157.5%，总体市场渗透率达到13.4%，同比增长8.0个百分点。我国新能源汽车渗透率从零到5%用了12年，从5%到10%只用了不到半年，在技术成熟、消费心理、基础设施等因素的共同催化下，预计渗透率增长还将持续提速。行业内普遍预计，我国将提前实现《新能源汽车产业发展规划（2021—2035年）》中2025年新能源汽车新车销售量达到汽车新车销售总量的20%左右的目标。

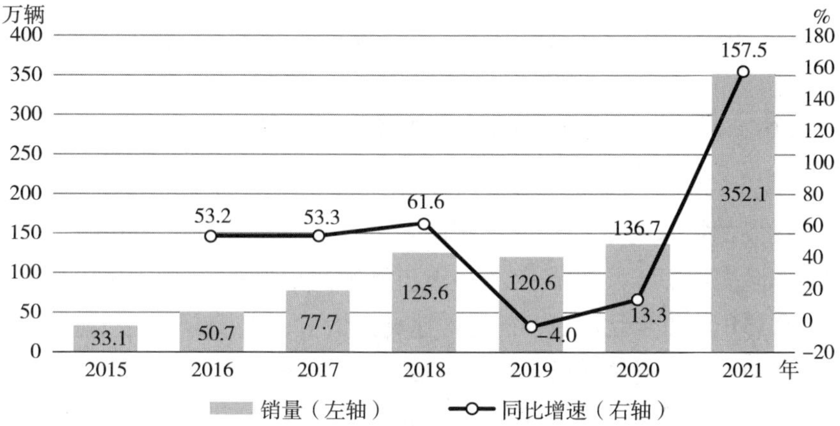

图1　国内市场新能源汽车销量及增速

（资料来源：中国汽车工业协会）

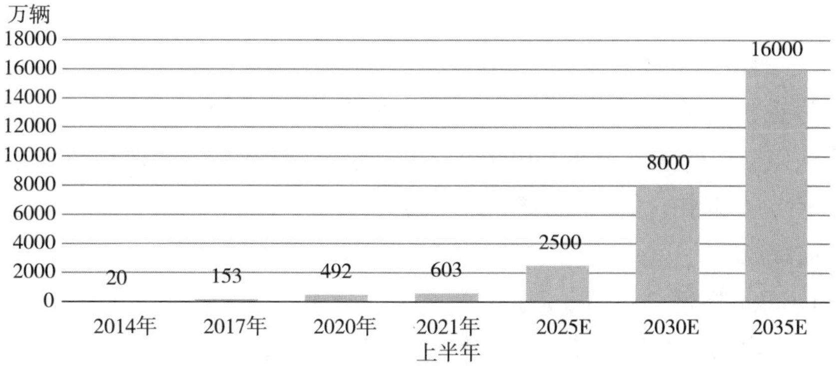

图2　国内市场新能源汽车保有量现状及预测

（资料来源：公安部、中国汽车技术研究中心、中再研究院）

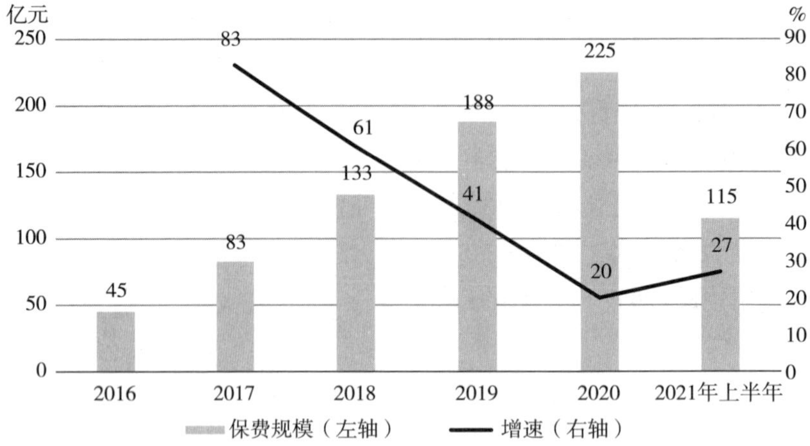

图3 我国新能源汽车保费规模

（资料来源：中国财产再保险有限责任公司）

高速爆发的需求将推动新能源车险业务增长。展望新能源车险市场未来体量，按照车险费改后车均保费及2035年新能源汽车保有量达1.6亿辆测算，新能源车险未来15年将以年均超过26%的增速高速增长，成长为千亿级蓝海市场。同时，传统燃油汽车及燃油车险市场将不断萎缩。

此外，新能源汽车的电动化、网联化、智能化发展方向，为新能源车险带来极为丰富的产品落地场景，自动驾驶、UBI、智能系统网络安全、车电分离、电池延保等都带来新的创新机遇。

（二）供给痛点：传统车险与新能源汽车不匹配

与传统机动车相比，新能源汽车的动力源发生了根本改变，车辆结构产生差异，以动力电池、电机、电控为主的“三电”系统成为了新能源汽车的核心，显示出众多特有的技术因素和风险特性。

1. 内部风险

（1）核心零部件风险。新能源汽车核心零部件（“三电”——电池、驱动电机、整车电动控制器）成本占比超过一半。目前，电池的技术成熟度不够，在安全性能方面存在一定风险，而驱动电机、整车电动控制器技术成熟度较高，风险相对较小。

（2）内部高压线路风险。高压线束方面，新能源汽车在驾驶过程中，可能发生漏电、短路、自燃等，引起线路故障造成风险事件；在维修环节，维修需要较高的技术水平，费用昂贵，需要保险手段进行管理。

（3）软件控制和网络安全风险。在网络安全防护方面，新能源汽车面临的风险主要包括网络中断、病毒、“黑客”攻击风险；云服务器、终端、数据传输风险；数据存储能力不足与崩溃风险。在软件控制方面，存在系统、固件、OTA等安全性能风险；软件失灵、执行错误风险。在智能交互方面，由于技术成熟度不够，存在外部接口安全、隐私数据泄露、数字财产损失风险；摄像头、雷达等信息采集，涉及法律风险；以及智能系统识别不当、识别失灵等风险。

（4）电池租赁模式下的风险。新能源汽车制造商采用的纯电动汽车电池租赁方案，核心是将汽车分为电池和底盘两个部分，使公司能够制定不同的租售模式。在此模式下，可能造成汽车底盘所有者和电池所有者不同，使保险公司面临的风险管理问题更为复杂。

（5）产品本身质量缺陷风险。缺陷的隐蔽性以及潜藏的破坏性、出险时维修期的覆盖与否，都是保险承保方需要考虑的问题。

2. 外部风险

（1）碰撞和涉水风险。与传统机动车相比，新能源汽车的出险率更高，出险事故中碰撞居多。新能源汽车碰撞导致的核心部件损坏率是传统机动车发动机损失事故的3倍。

（2）消费者操作风险。包括不当养护、不当充电、不良驾驶等方面因素，可能导致电池使用寿命缩减、车辆自燃、电池老化速度加快，造成性能损耗等风险。

（3）二手新能源汽车市场风险。在购买和销售二手新能源汽车时，由于行业标准缺失，无法对车身框架和电池进行统一有效的评估，只能对年份和里程进行粗略估计，这给保险公司带来了额外的风险。此外，新能源汽车技术相对易于快速更新迭代，进一步压缩了中国的二手新能源汽车市场，相应的保险需求也被压缩。

（三）各方布局：新能源车险成为兵家必争之地

面对新能源车险市场发展的巨大机遇，保险机构积极布局。2021年6月，中国财产再保险有限责任公司与中国汽车工程研究院签署战略合作协议，共同发起设立了通用技术中国汽研—中再产险汽车保险联合实验室，专注于新能源车险研究。同年10月，中国人民财产保险股份有限公司与宁德时代股份有限公司签署战略合作框架协议，重点聚焦新能源汽车后市场领域，将围绕行业标准制定、动力电池及新能源汽车保险业务、大数据合作、渠道和人员共享、改善用户服务体验等开展合作。

积极布局新能源车险业务的主体还有新能源车企。特斯拉在2021年股东大会上宣布“实时驾驶行为”保险在美国得克萨斯州正式上线，凭借其独有的造车、销售、售后数据，以及驾驶人驾驶过程中的实时行为数据进行定价，重塑传统定价思维。由车企直接销售车险，也无疑拓展了车险销售新渠道。国内市场，吉利控股集团2020年入股合众财产保险股份有限公司，成为其第二大股东；蔚来、小鹏、比亚迪等车企均整合保险和维保服务为客户提供一揽子保险服务套餐，这些都是车企积极入局新能源车险业务的典型案例，也让竞争格局变得更加复杂。

三、新能源车险专属条款与基准保费表特点分析

面对上述痛点，监管机构指导意见与支持政策也在不断出台。2020年银保监会发布《关于实施车险综合改革的指导意见》，支持行业制定新能源车险示范条款，探索在新能源汽车和具备条件的传统汽车中开发UBI等创新产品。2021年8月4日，中国保险行业协会正式发布《新能源汽车商业保险专属条款（2021版征求意见稿）》。2021年12月14日，中国保险行业协会、中国精算师协会同时分别发布了《新能源汽车商业保险专属条款（试行）》（以下简称《专属条款》）、《新能源汽车商业保险基准纯风险保费表（试行）》（以下简称《保费表》）。12月27日，首批新能源汽车专属保险产品面世，人保财险、平安产险、太保产险、太平产险、国寿财险、中华联合保险、大地保险、阳光产险、天安财险、众诚车险、亚太财险和三星财险12家财险公司首批获准承保，

标志着新能源汽车专属保险产品正式落地，为新能源汽车车主提供专属保险保障。

（一）新能源汽车商业保险专属条款

1.《专属条款》主体结构

《专属条款》在主体框架上整体沿用了《商车示范条款》的格式与结构，即由总则、三个主险条款（车辆损失险、第三者责任险、车上人员责任保险）、通用条款、附加险条款和释义构成。该框架在关注新能源汽车特有风险的基础上，与《商车示范条款》架构衔接一致，最大限度地尊重车险消费者的阅读习惯，便于消费者理解与接受新能源车险专属条款。

2.《专属条款》亮点分析

（1）明确新能源汽车定义。

《专属条款》第二条明确被保险新能源汽车定义："本保险合同中的被保险新能源汽车是指在中华人民共和国境内（不含港、澳、台地区）行驶，采用新型动力系统，完全或主要依靠新型能源驱动，上道路行驶的供人员乘用或者用于运送物品以及进行专项作业的轮式车辆、履带式车辆和其他运载工具，但不包括摩托车、拖拉机、特种车。"此外，"释义"部分进一步明确了被保险新能源企业的内涵："指采用新型动力系统，完全或者主要依靠新型能源驱动的汽车，包括插电式混合动力（含增程式）汽车、纯电动汽车和燃料电池汽车等。"

《专属条款》适用于绝大多数新能源车型，尤其是客车和货车，但并不适用于所有车类，如摩托车、拖拉机、特种车被明确排除；此外，挂车由于没有独立的动力系统，也不在《专属条款》的保障范围内，仍需按照传统商业车险条款投保。

（2）主险条款针对性解决新能源汽车特殊需求。

一是同时在车辆损失险、第三者责任险、车上人员责任险三个主险里，明确保险责任覆盖的责任范围包括自然灾害和意外事故，其中意外事故包含起火燃烧，针对性解决新能源汽车自燃等火灾事故保险需求。

二是在车辆损失险中，明确车损险保险责任包括车身，电池及储能系统、电机及驱动系统、其他控制系统（“三电”系统），以及其他所有出厂时的设备。

三是明确新能源汽车的使用状态包括行驶、停放、充电及作业，相比传统燃油汽车的使用过程，增加了充电内容。

四是类比于《商车示范条款》中的自然磨损，将电池衰减的损耗排除在《专属条款》保险责任之外。

五是在车辆损失险中，明确充电期间因外部电网故障导致的损失不在保险责任范围内，该需求由附加外部电网故障损失险条款解决。

六是折旧系数有所调整，主要体现在9 座以下家庭自用车和非营业客车上。纯电动汽车及插电式混合动力与燃料电池汽车折旧系数均高于燃油汽车。

表2　9座以下客车家庭自用和非营业新能源汽车与燃油汽车折旧率对比

<table>
<tr><th>价格区间</th><th>纯电动汽车折旧系数（每月）</th><th>插电式混合动力与燃料电池汽车折旧系数（每月）</th><th>燃油汽车折旧系数（每月）</th></tr>
<tr><td>0~10万元</td><td>0.82</td><td rowspan="4">0.63</td><td rowspan="4">0.60</td></tr>
<tr><td>10万~20万元</td><td>0.77</td></tr>
<tr><td>20万~30万元</td><td>0.72</td></tr>
<tr><td>30万元以上</td><td>0.68</td></tr>
</table>

（3）增加4个新能源汽车特有附加险。

《专属条款》中新增了附加外部电网故障损失险、附加自用充电桩损失保险、附加自用充电桩责任保险、附加新能源汽车增值服务特约条款4个附加险（具体保险责任见表1）。此外，由于新能源汽车大部分不具有燃油发动机，因此在《专属条款》中删除了发动机进水损坏除外特约条款。同时，还可投保与《机动车商业保险示范条款（2020版）》（以下简称《商车示范条款》）中一致的9个附加险，总共可投保13个附加险。《专属条款》及《商车示范条款》附加险对比如表3所示。

表3　《专属条款》与《商车示范条款》附加险对比

《专属条款》	《商车示范条款》
1.附加外部电网故障损失险	—
2.附加自用充电桩损失保险	
3.附加自用充电桩责任保险	
4.附加绝对免赔率特约条款	1.附加绝对免赔率特约条款
5.附加车轮单独损失险	2.附加车轮单独损失险
6.附加新增加设备损失险	3.附加新增加设备损失险
7.附加车身划痕损失险	4.附加车身划痕损失险
8.附加修理期间费用补偿险	5.附加修理期间费用补偿险
—	6.附加发动机进水损坏除外特约条款
9.附加车上货物责任险	7.附加车上货物责任险
10.附加精神损害抚慰金责任险	8.附加精神损害抚慰金责任险
11.附加法定节假日限额翻倍险	9.附加法定节假日限额翻倍险
12.附加医保外医疗费用责任险	10.附加医保外医疗费用责任险
13.附加新能源汽车增值服务特约条款	11.附加机动车增值服务特约条款

表4　《专属条款》附加险和保险责任新增及变动

序号	附加险	保险责任
1	附加外部电网故障损失险	在充电期间，因外部电网故障，导致被保险新能源汽车的直接损失，且不属于免除保险人责任的范围，保险人依照本保险合同的约定负责赔偿。
2	附加自用充电桩损失保险	保险单载明地址的，被保险人的符合充电设备技术条件、安装标准的自用充电桩，因自然灾害、意外事故、被盗窃或遭他人损坏导致的充电桩自身损失，保险人在保险单载明的本附加险的保险金额内，按照实际损失计算赔偿。
3	附加自用充电桩责任保险	保险单载明地址的，被保险人的符合充电设备技术条件、安装标准的自用充电桩造成第三者人身伤亡或财产损失，依法应由被保险人承担的损害赔偿责任,保险人负责赔偿。
4	附加新能源汽车增值服务特约条款	包括道路救援服务特约条款、车辆安全检测特约条款、代为驾驶服务特约条款、代为送检服务特约条款共四个独立的特约条款，投保人可以选择投保全部特约条款，也可以选择投保其中部分特约条款。保险人依照保险合同的约定，按照承保特约条款分别提供增值服务。 其中，车辆安全检测特约条款删除了蓄电池检测内容。

3. 与此前征求意见稿的主要变化

一是三个主险责任被保险机动车责任免除条款补充了“营业性场所”的条件限定，删除了“施救”场景，该责任免除条款内容与《商车示范条款》保持一致。

二是附加险中删除了“附加智能辅助驾驶软件损失补偿险”及“附加火灾事故限额翻倍险”两个条款，明确了与《商车示范条款》一致的9个附加险，同时修改了“附加新能源汽车增值服务特约条款”中的具体保险责任，在道路救援服务范围中补充了“送油、搭电”项目，在车辆安全检测服务范围中删除了“蓄电池检测”项目。

三是在“释义”中补充了使用被保险新能源汽车过程、法定节假日、特需医疗类费用等具体释义，与《商车示范条款》保持一致。

4.《专属条款》尚待进一步解决的问题

（1）车电分离模式下的保险需求。

2021年10月，工业和信息化部办公厅印发《关于启动新能源汽车换电模式应用试点工作的通知》，决定启动新能源汽车换电模式应用试点工作，促进新能源汽车换电模式创新发展。目前国内车电分离技术仍然处于探索阶段，车电分离模式下电池权属存在模糊地带，行业在准确实时获取电池状态等方面存在困难。《专属条款》的条款设计从总体看来仍然基于“车电一体”的用电模式，如要适用“车电分离”新能源汽车，可能需要对部分条款进行类推解释。

当然，《专属条款》本身属于车险条款，难以覆盖电池资产。为适应国家新能源汽车换电模式发展需要，行业亟须投入力量开发相关产品，为换电模式下的独特风险提供保险支持。

（2）保险金额对政府补贴覆盖的问题。

《专属条款》明确规定，投保时被保险机动车的实际价值由投保人与保险人根据投保时的新车购置价减去折旧金额后的价格协商确定或其他市场公允价值协商确定。该条款与《商车示范条款》保持一致，但新车购置价是否包含政府补贴没有明确，保险公司及4S店等销售渠道在实际操作中也没有统一。若包含政府补贴，则保险金额高于实际购买价格，会存在一定的道德风险；若不包含政府补贴，则保险金额低于实际价值，可能引发理赔纠纷。

（二）《保费表》

商业车险保险保费计算公式如下：

商业车险保险保费 = 基准保费 × 费率调整系数

基准保费：基准纯风险保费/（1–附加费用率）

费率调整系数：无赔款优待系数×交通违法系数×自主定价系数

根据媒体报道等公开资料，此次下发的《保费表》及《关于新能源汽车商业保险专属产品基准纯风险保费表测算调整说明》仅对新能源车险产品的基准保费有所调整，且第三者责任险、车损险基准保费较传统车险整体下降约0.8%：其中，第三者责任险基准保费下降0.1%，车损险基准保费下降1.2%。这主要是受到新能源汽车商业保险专属产品附加费用率上限由25%调整至15%的影响。业内人士预计有近80%的新能源汽车车主能享受到降费的利好。[4]

除《保费表》约定的基础保费外，投保人的赔付历史、交通违法情况也将通过无赔款优待系数和交通违法系数影响保费水平，同时保险公司还可确定自主定价系数，在定价中体现相关风险因素。自主定价系数一般由自主渠道系数与自主核保系数共同构成，范围为065~1.35，由保险公司根据渠道、车辆风险状况、车主信息、自身风险偏好等因素自主设定。

从行业总体角度来看，一方面，新能源汽车专属保险产品有针对性地解决了新能源汽车及消费者投保的痛点问题，且在扩大保障范围的同时保持基础费率整体稳中有降，对新能源汽车产业发展起到了重要支撑作用；另一方面，行业出台专属条款和重新测算费率使风险与定价相匹配，也有助于提升保险公司承保意愿。

四、保险公司新能源车险发展建议

（一）加强产业融合，实现跨界数据融合共创

新能源汽车独特的风险特征与丰富的应用场景，对新能源车险而言，既是最大的痛点，也是未来的主要增长点。只有汽车行业与保险行业深度合作、加强融合，才能够解决风险不明、数据不清等新能源车险发展中涌现的困难和问题。新能源车企通过新能源汽车这一终端直接与消费者接触，把控流量与数

据入口，不仅仅是保险机构的合作者，也可能入局新能源车险市场，占据竞争格局中的重要一极。在新的商业模式下，保险公司可能失去与客户的接触与服务界面，新能源车企甚至可能成为在车险综合改革中成功实现去中介化、压降附加费用率的重要主体。因此，保险公司必须加强与汽车行业协会、新能源车企、动力电池企业、售后维修企业、新能源汽车科技企业、保险科技企业等相关方的合作，加速产业融合，对外拓展数据源获取，对内加强数据治理，补足数据短板，才能明确风险，为发挥定价、产品创新等保险公司的独特优势奠定基础。

（二）有效提升风险管理与定价能力

风险管理与定价能力是保险公司相比于其他行业的新进入者独特的优势。目前我国新能源车险的定价体系已明确了基准保费部分，受附加费用率上限下调的影响，保险行业让利于民，同时对保险公司的精确识别风险、精准定价的能力提出了较高的要求，还需要保险公司进一步压降成本，并减少对中介的依赖。这一能力突出体现在新能源汽车保险定价的自主定价系数上，保险公司有必要在跨界数据融合共创的基础上，针对电子元件损失风险、动力电池安全风险、驾驶行为风险、辅助驾驶可靠性风险、网络安全风险等新能源汽车独特风险，构建一套能反映相关风险状况、适合保险评估的指标体系，构建相关风险评价模型，形成从车因子（车型特点、整车结构、动力结构、电池性质等）、从人因子（客户群风险等级、车主驾驶习惯等）、天气特征因子、道路环境因子、活动路线因子等一整套风险因子体系，进而实现费率与风险挂钩，开发定价模型，为自主定价系数确定提供技术支持。在这一过程中，再保险公司能够充分发挥技术数据优势，向保险行业输出成熟解决方案，提升行业转型升级效率。

（三）加速推进新能源汽车产业相关保险产品服务创新

新能源汽车产业既保持了传统汽车产业长链条的特征，又新增了电池、电机和电控等重要的产业环节，融汇了新能源、新材料和互联网、大数据、人工智能等多种技术，新能源汽车已从单纯交通工具向移动智能终端、储能单元和数字空间转变，形成一整套完整的产业生态，保险应用场景极为丰富，早已超越车险的范畴。目前行业新能源车险专属条款已落地，为保险公司加强新能源汽车相关产品服务创新奠定了坚实基础。在新能源车险产品基础上，保险公司可从以下角度积极开发保险产品服务，为新能源汽车产业发展提供支持：一是基于电池及储能系统的保险产品，包括动力电池及储能系统的产品责任险、电池的效能保险等；二是基于辅助驾驶系统的相关保险产品，如网络风险、智能组件责任险、自动驾驶各模块的产品责任险、恐怖主义保险等；三是基于车电分离运营模式下的保险产品，除换电站自身的财产保险外，还可包括电池损失险、电池自燃造成第三者责任、电池承租人责任保险等；四是基于电池梯次利用的相关保险产品，包括建设、运营、储能系统的质量及效能保险产品等；五是基于新能源汽车后市场的保险产品，如新能源二手车残值保险、动力电池残值保险、车辆置换保险等。

（四）发挥保险资金作用支持新能源汽车产业发展

除负债端外，保险公司资产端也能够对新能源汽车产业发展贡献重要力量。新能源汽车产业发展周期较长，应发挥保险资金长久期和稳健特征，在满足产业融资需求的同时，实现稳健投资收益；同时，保险公司通过投资新能源车企、动力电池企业、汽车后市场企业、新能源汽车科技企业等对象，能够有力推进新能源汽车生态圈建设与产业融合，支持负债端发展。

参考文献

[1] 中汽数据有限公司. 中国汽车低碳行动计划2021年研究报告（2021）[R/OL].[2021-12-20]. http://www.auto-eaca.com/uploads/soft/210719/1_1702479991.pdf.

[2] 高驰. 一文读懂《节能与新能源汽车技术路线图2.0》：2035年新能源市场占比超50%[J]. 汽车与配件，2020(21):40-41.

[3] 尹海明，夏宾. 中新社国是论坛之“能源中国”召开 聚焦汽车电动化[EB/OL]. [2022-01-10]. https://baijiahao.baidu.com/s?id=1679179253492430706&wfr=spider&for=pc.

[4] 程竹，黄一灵. 新能源汽车专属保险上线 多家险企“开门红”[N]. 中国证券报，2021-12-28.

海上风电保险的机遇和挑战

郭朝莉　Mahesh H Puttaiah　邢鹂　杨昕昕
Christofer Lindholm　Truels Kjer　杜尊峰　李士喜

［摘要］　海上风电作为一种可再生能源方案，因风电机组较大、海上风力较强、易于实现规模经济，受到各国政府的大力扶持。预计到2030年，亚洲海上风电总装机容量将增长八倍，占未来十年全球新增装机容量的42%，其中，中国在亚洲和全球市场都将居领先位置。海上风电站的施工和运营面临多种风险，因此伴随着海上风电的发展，相关保险的市场规模也将不断增长，但更多的机遇也意味着更多的挑战。本文预测了亚洲海上风电的技术进步和政策扶持将带来的保费增长规模，并辩证地分析了其快速发展将给海上风电保险带来的机遇和挑战。

［关键词］　海上风电保险；结构性风险；风险评估；风险分类

［中图分类号］F842.6　［文献标识码］A

一、引言

未来十年，亚洲将领跑全球海上风电站的发电量增幅。根据全球风能理事

［作者简介］　郭朝莉，瑞再研究院经济分析师；Mahesh H Puttaiah, 瑞再研究院高级经济分析师；邢鹂，瑞再研究院中国中心副主任；杨昕昕，瑞再企商工程险中国区负责人；Christofer Lindholm, 瑞再企商高级工程师；Truels Kjer，瑞再企商高级工程师；杜尊峰，博士，天津大学建工学院海船系；李士喜，高级风控经理（可再生能源），仑顿海事咨询(天津)有限公司。

会（GWEC）的数据，过去十年来，全球海上风电站的装机容量每年增长28%，而亚洲的年增长率为58%。[①]到2030年，亚洲的海上风电总装机容量预计将增长八倍，占未来十年全球新增装机容量的42%。在亚洲地区，海上风电站遍布中国东北部、日本海和越南南部的广大区域。中国[②]在亚洲和全球市场居领先位置，技术进步和政府的扶持政策正推动中国风电行业的快速发展。

作为一种可再生能源方案，海上风电的比较优势在于风电机组较大，海上风力也较强，可以提高发电效率，从而实现规模经济。即便如此，在施工和运营阶段，海上风电站仍会面临许多风险。这些风险包括自然灾害和人为错误等导致的损坏和潜在停机。相比陆上风电机组，海上风电机组还会经常面临强风、高湿和恶劣条件造成的部件失效风险。由于具体地点的地质、天气、设计和生产参数、施工单位服务质量及所部署的施工船舶质量存在不同，每个海上风电项目都包含特有的复杂因素。

目前海上风电项目呈现出距离海岸越来越远的趋势。考虑到其他因素的影响，这有可能增加修理成本和时间，因为需要以相对更高的价格租用船舶进行远海维修，而且船舶并不是随时有也不是立即可以租用的。因此任何海上风电项目都可能给参与的利益相关方造成巨额财务损失。发生此类损失时，建筑工程一切险、延迟开工险、施工责任险、航运险、财产损害险和业务中断险等保险保障可以提供财务补偿。为此，我们估计亚洲海上风电项目保费总额的复合年增长率（CAGR）可能达到16%，从2020年的1.4亿美元左右增长至2030年的6.4亿美元。如果将每年增量累计，估计至2030年新增保费金额总计约为38亿美元。

中国海上风电新增保费将占亚洲的半数以上（58%）。我们预测，中国的海上风电年保费额将从2020年的8500万美元上升至2030年的3.24亿美元左右（CAGR为14%）。中国贡献了2019—2020年亚洲海上风电站相关保费的80%。随着各国投资兴建相应的海上风力发电设施，其他亚洲市场的份额也会增长。总体而言，我们估计亚洲（除中国外）的份额将从2019—2020年的20%左右稳步

① 参见全球风能理事会发布的《2021年GWEC全球海上风电报告》和《2020年GWEC全球海上风电报告》。

② 文中中国市场数据不含中国台湾地区的。

上升至2030年的50%左右。

海上风电站的项目风险管理是一项复杂的业务，也是降低风电站运营和维护成本的关键。为此，石油天然气行业中应用的结构性风险分类可以为海上风电平台的风险管理和控制战略提供基础。

二、海上风电：亚洲电力开发新前沿

海上风电正成为可再生能源的新前沿。根据全球风能理事会的数据，2021—2023年，全球海上风电新装机容量将达到32吉瓦，几乎等于2020年现有容量的总和。亚洲将占新增装机容量的58%。到2030年，亚洲预计将生产97吉瓦的海上风电，占全球总产量的40%，比目前的发电量多8倍（参见图1、图2和图3）。[①]

技术进步和政府政策的支持推动海上风电市场快速增长。目前，大多数海上风电站采用固定基座的风电机组，安装于相对较浅的水体。而适用于深水的浮动式风电机组目前尚处在早期开发和部署阶段，由于其可借助更高的风速并有更大的装机容量，将有望增加发电量。随着技术进步，海上风电的成本不断下降。更大型发电机组和更高风电塔等新发展部分抵消了海上风电站较高的安装和运营成本。

在欧洲，2017年海上风电的价格已经与传统电力能源相当；2020年，全球90% 的海上风电施工市场都掌握在欧洲公司手中。[②]最近，亚洲各国政府正在制定支持政策，以建立本土生产能力。由于亚洲地区拥有大量可以利用的风力资源，且石油等传统能源储量相对较少，有强烈动力发展可再生能源产业。也有更多亚洲国家（地区）立志在21世纪中叶前实现碳中和。

① 参见2019—2021年各年《GWEC全球海上风电报告》。

② 参见《陆上和海上风电》，欧洲委员会，2020年12月9日。

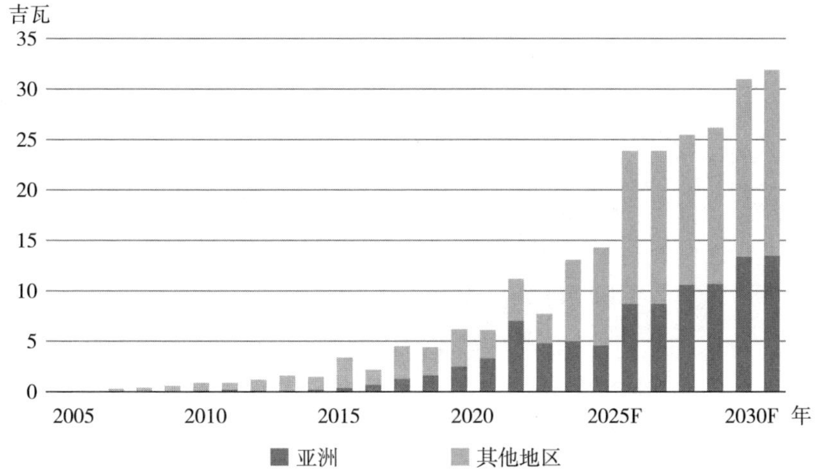

注：F表示预测。

图 1　全球海上风电的年新装机容量

（资料来源：全球风能理事会）

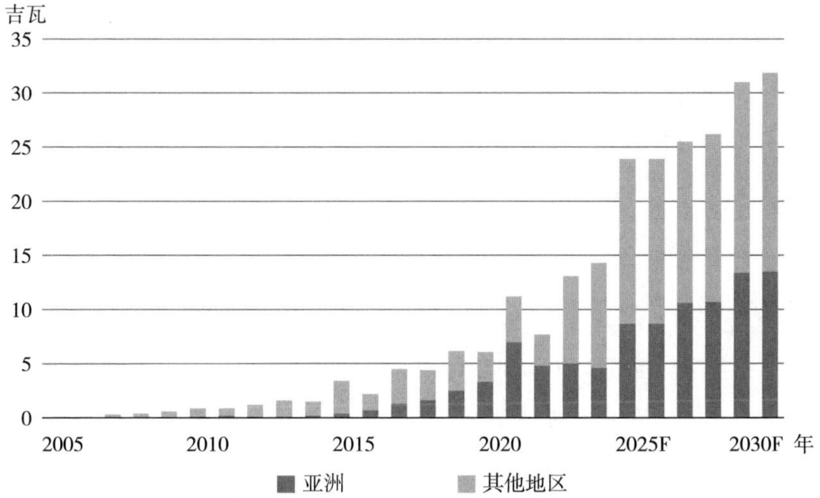

注：F表示预测。

图2　全球海上风电总装机容量

（资料来源：全球风能理事会）

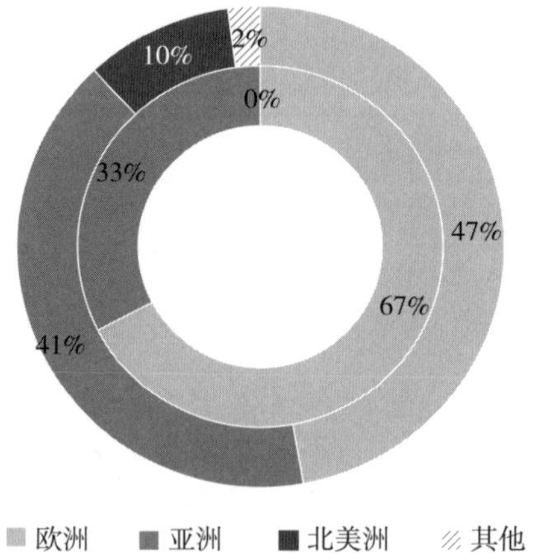

图3　2020年相比2030年（预测）各地区的海上风电总装机容量

（资料来源：全球风能理事会）

（一）中国是亚洲地区最大的市场

GWEC的数据显示，尽管新冠肺炎疫情对世界经济和能源行业产生了一定影响， 2020 年却是全球海上风电行业第二位的景气年份，新装机容量达到6吉瓦。[①]中国装机容量连续三年居全球首位，并贡献全球新装机容量的一半以上。中国的海上风电计划始于2007年，并在第13个“五年计划”（2016—2020年）进入飞速发展期。截至2020年，中国拥有9.9 吉瓦的海上风电产能，仅次于英国（10.2吉瓦）。目前，中国占全球海上风电产能的 25%，占亚洲地区的 90% 以上。

中国制定了在2030年前实现二氧化碳排放量低于2005年水平的 65% 以上的目标，并计划在2060年前达到碳中和。为完成上述目标，中国正加速发展海上风电产能，以力求实现清洁能源供应的多样化。中国政府颁布各项政策举措支持海上风电行业。2014年，首次将沿海风电的价格设定为0.85元/千瓦时（度），同时提供约0.40元/千瓦时的补贴，约为总售价的50%。[②]优惠的电价促

① 参见《2020年全球海上风电报告》。

② Y. Wei等. 中国海上风能价格政策演变：产能、价格和补贴的三重困境[J]. Renewable and Sustainable Energy Reviews，2021（136）.

使该行业（尤其沿海地区）快速增长。根据国家能源局“十三五”期间于2020年前完成10吉瓦装机或待建产能的风电发展计划目标，其中超过5吉瓦的产能已接入电网。[①]广东、江苏、浙江和福建将各自建造至少1吉瓦产能。中国的政策扶持将从补贴转变为促进行业的技术进步（见下文“海上风电政策：从补贴到技术支持”）。

中国水电水利规划设计总院（CREEI）的报告指出，中国沿海风电资源主要集中在东南沿海和岛屿，因此沿海省份将在海上风电设施安装方面居于领先地位。[②]有许多沿海省份都想发展海上风电。目前，这些省份从陆上风电资源丰富的北方地区获取电力。这种做法需要长距离输电，不仅成本高昂，而且有时并不可靠。[③]因此，这些省份的海上风电产能增量最多，特别是江苏、广东和福建三省。2019年末，上述三个地区占中国海上风电产能的80.8%；我们预计，上述省份仍将是未来十年新增产能的主力。

（二）海上风电政策：从补贴到技术支持

2019年5月，中国将风电的电价从规定价格变为指导价格。新批准项目的电价采取竞争性定价，不得高于 0.80元/千瓦时的指导价。2020年，指导价下调至 0.75元/千瓦时。另外，除了2018年底前获批，并在2021年底前接入电网的项目外，从2022年起，新增产能将不再享受中央政府补贴。这项规定导致短期抢装，开发商争相在补贴截止时间之前将风电站接入电网。沿海省份增长的需求和地方政府通过技术推动政策提供的支持（如创新研发支出和开发更大型风电机组），将继续推动海上风电行业的发展。[④]

亚洲大多数国家正增加对海上风电产能的投资，越南是东南亚增长最快的市场之一。越南目前依赖化石能源，越南政府希望增加可再生能源的发电

---

① 参见《能源发展“十三五”规划》，2016年。

② 参见《2020年中国可再生能源发展报告》，CREEI，2020年。

③ 参见《中国能源基金会的报告》，2010年4月。

④ 中国在全国和各省层面鼓励开发适合本地的高科技大型风电机组。更多信息可参见《经济观察：中国寻求开发深水风电以实现碳中和》，xinhuanet.com，2021年6月30日。

份额。越南“第7号电力发展计划”（PDP 7）的目标是在2030年前将可再生能源发电占发电总量的份额从2020年的 2.4% 提高至10%。[①]世界银行的一份报告称，越南的海岸线长度超过3000公里，平均风速达到8~9米/秒。因此，越南能够生产475 吉瓦的海上风电，其中来自浮动式海上发电设施的电力可高达214 吉瓦。[②]截至2020年末，越南仅累计利用了500兆瓦的海上风电产能。

然而，越南快速增加海上风电产能的计划将面临若干挑战，包括监管明确度、电网基础设施及项目融资能力。2020年4月，经越南工业贸易部批准，目前风电项目的上网电价补贴从2021年11月延长至2023年底，但同时下调了单位发电量的保证价格。[③]下调电价有可能阻碍投资，特别是在新冠肺炎疫情导致多个项目延期的情况下。2021年2月公布的“第8号电力发展计划”（PDP8）新草案预期将减少2030年前的海上风电产能，此举也遭到业界批评。[④]此外，越南的输配电基础设施不够发达，需要升级后才能容纳海上风能发电的新增产能。[⑤]世界银行和全球风能理事会已呼吁越南增加电网容量，以免阻碍越南风电的长期增长。[⑥]

三、海上风电发展对保险的机遇和挑战

（一）海上风能：风险池机会

相比陆上风电，海上的风力要强得多。海上风电站还可以将电力供应与需求相匹配，从而更高效地使用风能资源，降低弃风率。另外，通过建造临近海岸线的海上风电机组，可以减少对远距离输电线路的需要。然而，海上风电站的设立、安装和运营维护成本一般高于陆上电站。因此，需要建造更大型海上风电机组以降低每单位发电量的上网成本。

① 参见《将越南转变成区域能源强国》，波士顿咨询集团，2019年7月。

② 参见《走向全球：将海上风电推广至新兴市场》，世界银行，2019年10月。

③ 上网电价补贴是一项政策机制，旨在为海上风电的生产商提供高于市场价的保证电价，通常须签订15~20年的长期合同。

④ 参见《全球海上风电站市场概览》，4C Offshore，2021年6月。

⑤ 参见《越南的最新电力发展计划专注于扩大可再生能源》，IEA，2021年6月1日。

⑥ 《全球海上风电站市场概览》，4C Offshore，2021年6月。

建造和运营海上风电资产涉及一系列不断演变的复杂风险。人们需要管理这些风险，以避免可能产生的相关巨额营收损失。保险可以发挥关键作用，为施工和运营阶段提供风险保障产品，确保海上风能的发展。

1. 施工风险

海上风能是资本密集型行业。施工期间资产遭遇的物理损坏可能导致严重的财务损失。例如，工人在分拆和搬运部件时可能造成损坏；施工过程中，若将机组提升至某个不恰当的位置时也会造成损坏，还存在项目延迟的风险。

2. 运营风险

损失、损坏和失效：投入运营后，风电站的物理资产依然面临自然灾害、意外损坏、疏忽或自然损耗导致的风险。风电站容易遭遇极端天气和自然灾害。例如，海上风电机组经受了2011年日本地震和海啸的考验，但瑞士再保险集团核保部门的灾后内部调查显示，有1/10的机组因土壤液化而严重受损。海岸上的变压器系统也受海啸影响，进而导致电网瘫痪而造成损失。

业务中断：制造商的质保可能覆盖更换风电站平台和风电机组受损部件的成本。但相比陆上风电项目，海上风电的固有特点使部件更换总成本更高。例如，进入海上风电站和平台开展修理的困难更大，成本更高，可能造成更长的停机和业务中断时间。另外，由于更大型机组会产生更高的单机组营收，无法运营时，造成的潜在运营损失也更大。

表1　海上风电项目面临的风险

类别	风险类型	描述
施工	损失或损坏	转运或安装期间风车受损
	开工延迟	项目施工延迟造成的营收损失
运营	损失、损坏和失效	事故、盗窃、火灾、自然灾害；设备性能不佳:制造商无法履行运营或维护协议
	业务中断	极端天气或其他灾害造成的损坏导致设备失效，进而停产导致业务中断营收损失

资料来源：瑞再研究院。

3. 可提供的保障

对于施工阶段，典型的保障包括建筑工程一切险（CAR）、延迟完工险

（DSU）、施工责任险和航运险。建筑工程一切险提供施工过程中与工程物质损失或损害相关风险的保障。延迟完工险提供广泛保障，以应对保单规定的风险类型导致的物理损坏所造成的延迟。施工责任险为伤害、损坏及产品相关提供赔偿。航运险产品防备货物、船体、海上勘探/生产及责任风险。

运营阶段当中的主要保险保障包括：财产损坏（PD）保险和业务中断（BI）保险。PD保险为多种风险（如自然灾害和事故损坏等）带来的资产敞口提供保障。BI保险覆盖风电站因财产损坏而中断运营造成的营收损失。

4. 保费机会

向海上风能转型给保险公司带来了增收机会。我们估计，亚洲的潜在保费总额的年均复合增长率可能达到 16%，从2020年的1.4亿美元左右累计增长到2030年前的每年6.4亿美元。根据保守的保费率假设，10年期间的累计新增保费收入总额将达到38亿美元。[①]新增保费的大部分可能来自运营阶段的保费（约25亿美元，年均复合增长率为 23%），而同期的施工保费将新增13亿美元（年均复合增长率为9%）。近年来，施工阶段的保费一直是主要的增长驱动因素（约占2019—2020年保费总额的72%）。随着项目完工，运营阶段保险的需求将会增加，到2030年估计将占保费总额的70%（见图3）。

① 保费估计数字基于全球风能理事会的海上风能投资预测及可获得的政府公告。第一步是使用国际能源署的海上风电资本成本信息，将投资预测（以吉瓦计）换算成等值美元。第二步是应用投资的保费率和风险敞口假设（以美元计），估计保费金额。我们将估计每个国家个别险种的数字，然后将数字加总以算出总数。

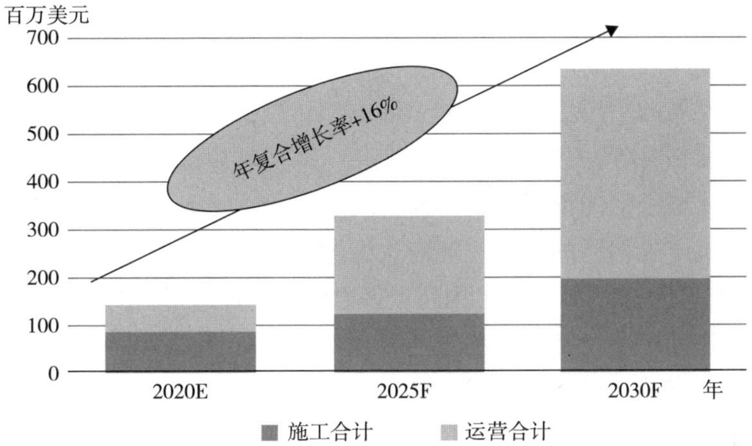

注：E表示估计值，F表示预测值。

图4　亚洲海上风能的潜在保费

（资料来源：瑞再研究院）

中国是亚洲最大的海上风电保险市场。按市场来看，中国贡献了2019—2020年亚洲海上风电站相关的大部分保费（约80%）。我们预计，2020—2030年，中国将贡献亚洲累计新增保费的一半以上（58%），但随着其他国家海上风能设施的建设，中国市场保费占亚洲比重将下降。[①]不过，中国的海上风电保费预计将从2020年的0.85亿美元增加至2030年的3.24亿美元左右（复合年增长率为14%），期间所产生的累计新增保费（总额）将达到22亿美元左右。随后是日本（约3亿美元，占8%）、韩国（约2.75亿美元，占7%）和越南（约1.7亿美元，占4%）。印度等其他市场将贡献约1.3亿美元（约占整个亚洲的3%）。总体而言，预计亚洲（除中国外）的份额将逐年稳步上升，从2019—2020年的20% 左右上升至2025年的约40% 和2030年的约50%。[②]

① 亚洲（除中国外）的海上风电总装机量预计将从2020年的0.4吉瓦增加至2030年的40吉瓦左右，CAGR为57%。

② “中国装机容量创纪录，占2020年全球新增装机容量的一半”，GWEC，2021年2月25日。

（二）挑战

由于太平洋西岸的风资源储量丰富且稳定，这也是推动太平洋西岸沿线海上风电迅速发展的主要原因。与陆上风电项目相比，海上风电项目在快速发展的同时，也面临着各种各样的挑战和变化。海面环境瞬时的强风，高温、高湿环境造成的风机组件的损坏；出海作业通过船只运送人员和设备，或只能通过船只从事风机主要部件的安装；还有进行漂浮式基础风机的测试和安装。这些都是陆上风电所不曾遇到的，也为海上风电的风险带来了新的结构特点。

每个海上风电项目都有其独有的复杂性和挑战。主要表现在项目所处地点和位置气候特点的差异、主要设备的设计和生产质量的差异、施工运维船只的选择、运维计划的设定、相关人员经验素质的不同。每一个阶段，保险的存在都是至关重要的。在目前海上风电发展的大趋势下，海上风电越来越向远海发展，深海海上风电与较浅海域海上风电的设计参数、成本核算、维修方案、船舶使用和调度也会有很大不同。同时，如果考虑在同一个时间节点，多个海上风电项目同时开工，或者同时需要维护，这种情况下可适航船只的供给不足，可能会成为制约因素。上述这些都是新的风险，都是海上风电所有者、管理者和保险公司需要考虑的。

1. 项目是否采用了成熟的技术

风力发电机组研发后，首先需要通过由独立认证机构完成认证过程，这样做是为了确保风机设计符合国际标准的性能和安全性。从项目核保的角度，风机经过认证，被授予相关安全证书，且在运行8000个小时没有重大问题的情况下，才能被视为通过验证。新开发的风机，多少会存在一些问题，因此在承保时，核保人需要知道具体情况，这样才能正确地评估技术风险。如果为项目选择了未通过验证的风机，整体风险明显就会更高，与选择通过验证的风机相比，这种情况下的普通商业保单提供的保险保障范围就更有限。

风电市场正在迅速发展，通常情况下，风电项目往往会在该款风机试运行前，就事先开标确定采购该型号。这无疑是一场赌博，因为项目实际需要的是通过验证且适用的风机型号，这样才能大概率保证风机在 20~25 年的设计寿命内正常工作且不出现重大问题。为此，完成相关的认证过程和原型测试是重要的一环。作为保险公司，在不知风力发电机组是否符合相关设计准则时，充分利用第三方认证机构验证，以确认风机所采用的新技术是否可靠是关键的核保考量因素。

2. 是否给予了天气风险足够的核保考量

在亚洲，自然灾害在项目的整体风险中扮演很重要的角色。台风、地震液化、冰雹等极端天气会对海上风电场产生影响。为了应对这些风险，需要事先做好准备并采取风险缓释措施。几年前，IEC 61400 认证中引入了 T级（台风级）认证，以改良风机设计，抵御台风。如果某一款风力发电机组通过了 T 级认证，就表示设计应该能够承受与台风相关的强风，但该认证没有全面考虑到其他与台风相关的风险，例如电网损耗，如果风机无法始终主动对风，台风等可能会对风机产生不利影响。

3. 是否采用了某些特殊的风机基础构件

海上风电行业的技术发展十分迅猛，整个行业正在从近海向远海迈进，而在远海，常规的基础设施无法使用，采用漂浮式基础的风机成了发展必然趋势。但是，漂浮式风电目前采用的多种基础设计都只能视作原型设计，因为这些还是新的概念，没有多少实际的使用数据和记录。因此，保险公司需要对每种设计进行详细的技术研究，这样才能评估漂浮式风电的相关可保风险。

4. 是否对某些风险极高的部分有充足了解

无论是在施工还是运营期间，从工程师角度出发，都建议对海底电缆予以特别关注，因为在发生赔案时海底电缆对理赔成本具有重大影响，原因包括：制作备用部件的等待时间相对较长，海上作业时船舶成本较高，以及当天气超出作业极限时会产生额外的等待时间和费用。现阶段，海上风电项目的出险频率是比较高的，这也进一步解释了海上风电项目保险采购的难度。大部分与人员误操作相关的索赔要么是因为缺乏经验，要么就是因为在安装过程不够谨慎。

最大限度降低风险的方法包括：尽可能寻找经验丰富的承包商并委请技艺精湛的海事检验人（MWS）监督整个过程。通过海事检验人的工作，学习他们此前从同类项目中借鉴的经验，项目施工单位可以汲取对自有项目施工更有价值的技术见解。

5. 风电项目基础结构的设计是否合理

项目基础设施的质量，在最大限度降低项目整体风险方面发挥着重要作用，当项目进入运营阶段时尤为如此。这里的基础设计涉及的范围较广，不仅涉及项目区域内的集电电缆和输电电缆，还涉及海上风电项目发电产能的充足与否。如果项目内的某个地方发生故障，项目设计能在一定程度上应对这种危机，以确保在维修期间设备能够在一定程度上继续工作，从而最大限度地降低对风电厂产能的经济影响。

6. 项目负责机构是否有先进的风险管理概念，是否做好预案分析

如前所述，海上风电项目的建设/运营者、保险公司核保人的经验，是成功完成项目保险的重要因素；使用正确的核保计价工具和协同工程师做出恰当的风险预案，也同样重要。在所有项目中，这都需要细心规划，妥善合理安排方法。没有哪个项目可以保证不会出现意外，但是，只有在应急计划上付出更多努力，才能更好地处理此类意外情况。因此，建议制订一份详细的“维修准备”计划。

（三）海洋结构完整性风险评估技术及管理理念：风险管理最佳实践

为应对创新的风险，“海洋结构完整性风险评估技术及管理理念”在海上风电保险风险管理中的作用将进一步凸显。海上风电技术的日新月异，决定了保险公司也将面对各种新型的海上风电设计进入保险市场带来的风险。尤其在海上风电的建设从浅海向深海进发的过程中，其呈现的独特设计，支撑系统都将和现在的海上风电项目截然不同。在此环境下，“海洋结构完整性风险评估技术及管理理念”在保险风险管理中的作用就会凸显。

“海洋结构完整性风险评估技术及管理理念”的概念最初来源于海洋油气行业。这一概念改变了传统的基于计划全面维护的结构物管理策略和风险控制手段。基于结构风险分级的结构完整性管理评估框架的引入使海洋结构的维护投入不再平均化。资金的使用和风险的消减成正比，这也利于保险公司对海上风电场资产风险管控的推进和监督管理。

结构完整性管理流程是一个长期、动态的过程，涉及风电场海上结构数据收集与整合、结构完整性的评估、检维修策略的制定以及检维修策略的执行与反馈。结构完整性管理的实施，可以为海上风场管理者提供清晰的海上结构物风险分级清单，推荐监测、检测点位和周期，并利用返回的检测结果，再次优

化检维修的策略，形成良性的技术循环。

结构完整性管理的关键技术是结构完整性风险分级技术。它是结构完整性评价的基础，整个海上风电场的结构完整性管理策略，建立在风险评估的结论之上，并且以此来合理地分配检测、监测和预防性维护的资源，以及最大限度地降低成本。

结构完整性风险分级要求在结构风险因素识别的基础上，进行结构风险分级，包括结构整体风险分级和结构局部风险分级两部分。风险分级的依据是结构风险矩阵。建立风险矩阵的过程是理解风险特性和确定风险大小的过程。风险分析能够加深对风险的理解，并有助于风险评价和风险应对，以判断风险是否需要处理以及确定最适当的处理策略和方法。

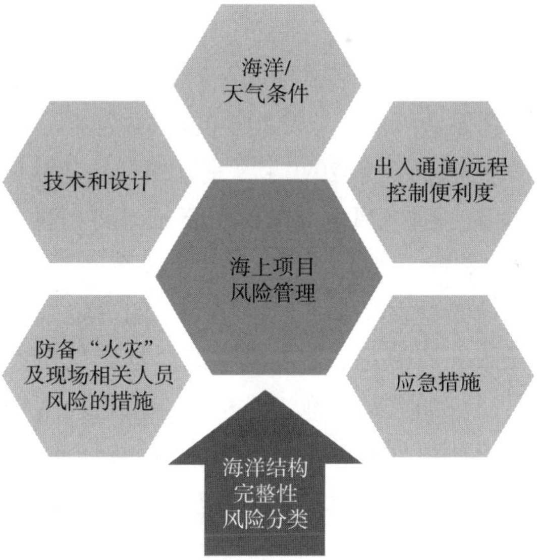

图5　结构性风险分类

（资料来源：瑞再研究院）

结构完整性指海上结构物始终处于完全可靠的服役状态。其内涵包括三方面：（1）结构在物理上和功能上是完整的；（2）结构始终处于受控状态；（3）运营单位已经并仍将不断采取措施防止失效事故发生。

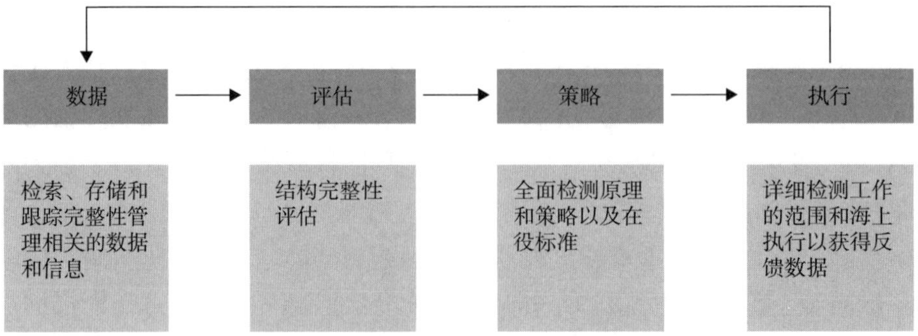

图6 海上风电场结构完整性评估与管理流程

（资料来源：李士喜. 基于结构完整性管理的运营期海上风电场结构物风险评估及维护策略制定，2020）

四、结论

海上风电的建设是实现碳中和目标的关键因素。预计在亚洲范围内，来自海上风电相关保险的总保费可能会从2020年的约1.4亿美元增加到2030年的6.4亿美元，复合年均增长率为16%。到2030年，累计保费约为38亿美元，年均保费约为3.8亿美元。来自中国的海上风电相关保费贡献率将超过一半（58%），预计其他亚洲市场的贡献也将随着海上风电项目的建设而逐渐显现。

海上风电项目的风险处在一个不断动态变化的进程中，随着项目地域的不同，科技的进步，保险公司面对的海上风电风险每天都在更新。海上风电保险和海上风电科技前沿研究的互动，海洋结构的适用性、可靠性都与陆上风电项目有根本的不同。海上风电保险和先进风控概念的融合，是产业向保险行业提出的巨大机遇和挑战，也正是保险、风控、核保为应对新风险的出现而需要不停探究的方向。

第三方互联网平台保险业务发展对策探析

任泽华

［摘要］　第三方互联网平台已成为互联网保险业务的主要力量，本文在介绍第三方互联网平台比较优势的基础上，从内审视角促进第三方互联网平台保险业务内控体系出发，着重对当前存在的问题进行分析研究，并在此基础之上,提出了保险公司开展互联网保险业发展的对策建议。

［关键词］　第三方互联网平台；获客；风控能力；风险素养

［中图分类号］F840.32　［文献标识码］A

一、第三方互联网平台保险业务概念

根据《互联网保险业务监管办法》，互联网保险业务指保险机构依托互联网订立保险合同、提供保险服务的保险经营活动。第三方互联网平台指备案运营主体、电信与信息服务业务许可证（ICP）归属机构不是保险公司，为保险公司的互联网保险业务提供网络技术支持辅助服务的网络平台。第三方互联网平台保险业务指保险公司依托有成熟技术的第三方提供的网络平台进行保险产品的销售，第三方可以是专业保险代理机构，也可以是非保险机构。若第三方互联网平台参与了互联网业务的销售、承保、理赔等关键环节，则必须取得相应的保险业务经营资格，否则第三方互联网平台仅可以为保险机构开展互联网业

［作者简介］　任泽华，太平金融稽核服务（深圳）有限公司西部区域中心助理总经理。

务提供辅助支持，如在其网络平台上进行宣传，投保时须通过链接等方式在保险公司平台上完成，第三方互联网平台不可以提供保险产品比较、保费试算、报价比价，不可以为投保人设计投保方案、代办投保手续或代收保费等。

第三方互联网平台具有三个特点。一是主体独立，第三方互联网平台作为媒介，不能进行报价、收取保费等保险经营行为。二是服务收费不得与保费比例挂钩，且保险公司支付给第三方互联网平台的各类费用要有合理的事项。三是充分披露信息，第三方互联网平台应在规定位置合法、合规、完整地披露信息。

二、第三方互联网平台保险业务具备的优势

近年来，互联网保险业务发展迅猛，已成为各大保险公司争抢布局的重要领域。特别是新冠肺炎疫情防控提倡“无接触”服务，互联网保险迎合了广大消费者的需求，保费规模也在持续扩张。中国保险业协会发布的《2020年互联网财产保险市场分析报告》中披露了2020年第三方互联网平台财险销售占比达到42.02%，远高于其他渠道；《2021年上半年互联网财产保险市场研究报告》中披露2021年上半年互联网财产保险市场累计实现保费收入472亿元，同比增长27%；第三方互联网平台保费占比虽有所下降，但仍举足轻重（见图1和图2）。

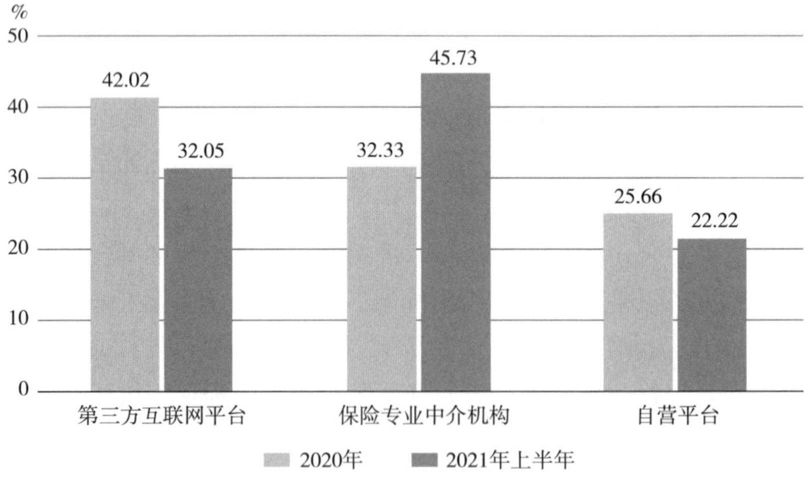

图1　2020年、2021年上半年互联网财产险保费渠道分布

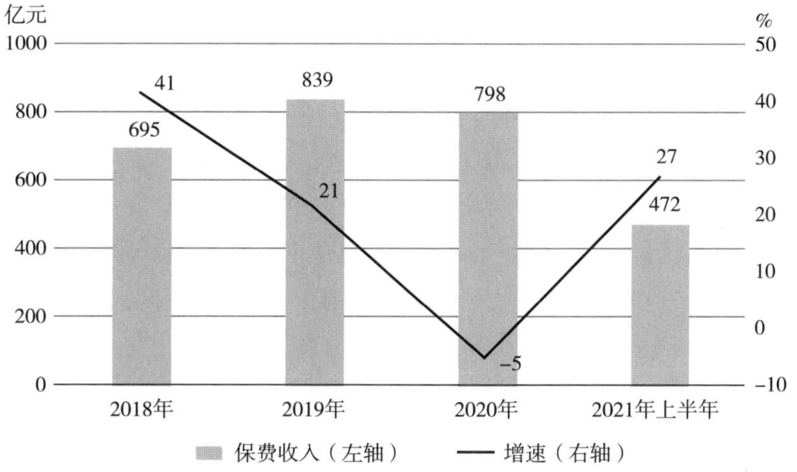

图2　2021年上半年互联网财产保险保费收入及增速

同时，按照中金公司发布的研报预计，2021—2030年互联网保险将实现24%的复合增长率，2030年互联网市场规模有望接近3.3万亿元。也正是看到快速发展的商机，保险公司加快了与第三方互联网平台合作的步伐。与保险公司自建平台相比，电子商务平台、互联网公司技术平台、大数据平台、网络兼业代理和专业中介机构等第三方互联网平台保险业务具备以下优势。

（一）充裕的客户流量

从用户获取的角度来看，客户流量是获客的第一步，只有拥有足够多的客户信息，才可以精确分析客户消费特征和喜好，更好地挖掘用户需求、开发产品，进行运营管理。像阿里、腾讯等第三方互联网平台最大的优势无疑是拥有充裕的客户流量，能够大面积地接触客户，覆盖传统商业保险接触不到的“90后”互联网青年人群、老年人群等。

（二）大数据有助于识别及满足客户需求

消费者对于保险产品的需求逐渐多样化，尤其是“90后”“00后”的新一代消费者喜欢更好的体验，像“BAT”等第三方互联网平台可以利用其掌握的大数据精准识别消费者保险需求，在与保险公司合作开发、迭代保险产品时更具备高效性和精准性。

（三）场景化有助于市场下沉

随着社交、理财、购物、美容、餐饮、娱乐等多领域交易互联网化发展，场景化销售行为会越来越多，势必会出现更多的与交易相关的场景金融，毋庸置疑，互联网的场景化也有利于保险需求的开拓。如美团、水滴等公司通过相关场景下沉市场，在此情景下更容易进行保险产品拓展，根据场景反向设计保险产品，更有利于把互联网保险的“蛋糕”做大。

（四）搭建平台便利客户选择

一方面，第三方互联网平台类似一个交易市场，摆在平台货架上的不只是一家保险公司的产品，而是多家保险公司的产品互相竞争，从而实现消费者选择的多样化。另一方面，消费者在第三方互联网平台享受保险公司保障服务的同时，还可享受第三方互联网平台的增值服务。

（五）数据风险控制能力强

“BAT”等互联网巨头具备强大的数据分析能力，借助一系列新兴技术的融合创新应用，可以通过一系列的逻辑规则及预测模型在最大程度上提升风险防控能力。同时，借助其拥有的大容量服务器、有硬件支撑的数据库、云端服务器，在面对碎片化、细分及个性化的业务时，有利于推进风险识别、预警、识别骗保等风控的有效性。

三、面临的问题或挑战

互联网保险业务在快速发展的同时也暴露出了一些问题和风险隐患，如违规经营、投诉激增、无序竞争，保险公司在与第三方互联网平台合作时不可避免地面临着诸多挑战，尤其是第三方互联网平台的销售管理、理赔管理、信息安全管理等方面的问题尤为突出。

（一）经营不合规

一是不具备资质仍参与经营。有些第三方互联网平台不符合监管要求具备的资格，但仍直接或变相参与保险产品的投保、报价、理赔审核等，个别保险公司出于业务压力或审核不到位，未能有效管控此行为。二是费用虚高或变相支付费用。部分保险公司委托无资质的第三方互联网平台开展业务，以“推广费”“营销宣传费”“培训费”等名义向其支付佣金，其中个别费用比例远超过了保险公司支付的手续费。

（二）误导和搭售频繁

一是对误导宣传或宣传不到位缺乏有效监测跟踪。部分保险公司未系统性统筹和监督第三方互联网平台信息披露宣传等日常监测工作，导致未能完整或准确地披露合作网站链接、产品名称、范围及时间等信息，责任免除等信息告知说明或提示不到位，侵害消费者知情权等。二是对于强制搭售和诱导销售行为束手无策或默许。部分保险公司对第三方互联网平台强制搭售、诱导销售等行为缺乏有效管控，如个别平台为吸引消费者购买，故意使用误导性词语，过于强调“首月1元”，造成消费误导并引发投诉和退保。

（三）信息安全存在隐患

互联网保险主要依赖于计算机和互联网技术，不可避免地存在互联网自由、开放所带来的信息安全隐患。一是个人客户信息的安全性面临挑战。消费者在第三方互联网平台往往都会注册账户和填写相关信息，通过网络进行资金交易，也就是说第三方互联网平台是可以通过后台获取投保人信息的，包括身份证件、姓名、联系方式、家庭住址、支付记录等，这些信息存在被盗取或不正当利用的风险。二是利用人工智能等技术也可能存在过度收集用户信息的情况，即第三方互联网平台在收集用户信息时会超越该产品必需的信息范畴，对用户的个人权益造成影响。三是第三方互联网平台客户信息反洗钱识别风险高。第三方互联网平台业务目前仍属于反洗钱监管薄弱领域，无纸化、不受时间和空间限制等业务特点给客户身份信息甄别增加了难度，高频退保和多样化的资金支付方式也加大了可疑交易监测的困难，识别和监测责任主体不够明晰。

（四）专业服务严重缺失

第三方互联网平台往往面对大量的客户，但其服务支撑能力无法满足如此庞大的需求，为了快速回报和响应，只能降低服务水准。一是平台机构面对的客户情况不同，尤其是在其特定场景下，保险不仅和每个客户的健康状况、收入状况、保险认知、理财能力、医学知识、法律认识有关，也与其所处的特殊场景密切相关。对客服人员的培训投入往往达不到要求，专业服务无从谈起。二是受制于商业机密和信息壁垒，保险公司无法第一时间接触客户，如果前期存在销售误导等行为，保险信任成本就会增加，再提供有价值的服务就会很难。三是健康告知不充分，风险转嫁至保险公司。健康告知条款等内容篇幅长、专业性强，缺乏可读性，第三方互联网平台也未对投保人是否仔细阅读健康告知内容及免除责任等信息进行强制管控，还存在以推广书替代告知书的情况。在场景关联销售后，服务转移至保险公司，环节衔接问题多发。

（五）保险公司风控能力亟须提升

保险公司虽然也建立了相关的互联网业务管控制度，但大多数内容是移植传统业务，并不完全适用于互联网保险业务，即没有依照互联网业务本身特殊属性梳理和完善全面风险管理流程。一是引流方式和客户筛选无法管控。因公司与第三方互联网平台之间信息不对称，无法知晓平台前端获客途径及引流场景（如“短信引流”“充电宝二维码引流”等），同时，获取的客户群体较为复杂，保险公司也无法进行初步筛选，由此带来的经营及合规风险聚集至保险公司。二是经验数据缺乏。由于保险公司无法收集到此类业务的历史数据，未能建立针对性的核保引擎及大数据风控模型，核保时全凭投保人是否如实告知既往病史，核保出现了“空心化”，若投保人“带病投保”，后期将会给理赔带来争议，逆选择风险极高。三是系统对接等技术不成熟，部分业务未实现系统闭环管理。系统对接方面还存在关键技术难度大、耗费时间较长、成本较高等因素，第三方互联网平台系统对接开发机制仍然不够顺畅，导致部分业务承保理赔无法实现闭环管理。

（六）盈利模式持续性尚需检验

保险公司开展第三方互联网平台业务可以快速获取客户流量，但多数情况下业务价值贡献低，不利于提升公司核心竞争力。一是无法有效进行二次开发。保险公司在与第三方互联网平台合作时，借助其引流的优势在短时间内能促使保费达到一定规模，获得大量的客户信息，但对于客户信息如何科学规范地转化和使用，如何进行配套服务、客户二次开发等处于被动局面，尚无有效举措，导致引流客户转化率不佳，造成资源浪费。二是退保率高，业务价值贡献低。由于是第三方互联网平台直接引流，保险公司无法评估分析引流业务客户来源与分类、无法有效管控销售误导、引流费用报价合理性等。部分第三方互联网平台业务退保率非常高，甚至造成保费与引流费用倒挂现象，再加上赔付支出高、渠道费用高等问题，收益不足以覆盖获客成本。三是风险跨界传递性强，波及面广。部分保险公司开展大量互联网保险业务，在自身对互联网业务特殊场景风险的特征和规律尚不了解和熟悉的情况下，将高风险业务引入到保险行业，甚至有个别第三方互联网平台机构利用资本推动垄断，盘剥消费者、生产者，或者利用保险公司为自己增信、背书、吸引资金，使保险公司陷入舆论危机。

四、提升发展质量的对策建议

相对于传统保险业的转型，互联网保险绝不仅仅是单纯的增加销售渠道或是产品的推陈出新，而是如何利用互联网服务于保险公司的创造性变革，结合前文提到的问题，从内审视角围绕风险认知、定价、理赔、风控、跨界应用以及资源整合等进行全方位的推进发展。

（一）加快互联网平台业务制度及流程建设

根据监管规定，更新现有互联网保险业务办法、信息披露及营销宣传细则等相关制度体系，梳理各流程环节管控举措。结合互联网业务特点制订针对性和核保核赔指引，健全风险监测防控及反欺诈细则，进一步完善第三方互联网平台业务的管理制度，健全业务审批机制，调整核保规则。

（二）规范信息披露宣传行为

保险公司应完善或监督第三方互联网平台规范产品信息披露以及宣传内

容，严格按照互联网保险监管办法，规范互联网业务的宣传页面的设计、内容展示。加强对第三方机构的行为管控，避免出现宣传内容与保障方案不匹配的情况，侵犯消费者的合法权益。

（三）健全信息数据安全保护和使用机制

保险公司应针对《个人信息保护法》，从数据收集、数据处理、数据运用和内部管理等方面加强信息数据的保护。不仅要确保数据收集的内容和维度合规，对数据的处理还要做到存储、脱敏、追踪安全与合法，尤其是要注意集团内部子公司之间或分公司之间信息共享的安全边界。同时，保险公司还应建立健全相应规章制度，明确权利义务、厘清责任，并加强数据安全合规使用的监督。

（四）建立互联网平台业务风险预警机制

保险公司应加大数据技术运用能力的提升，围绕“智能+”新技术，运用数据挖掘、区块链、物联网等大数据技术，增加与消费者互动的接触点，合规收集和使用各种数据，健全风险监测预警和干预机制，提前化解潜在风险。通过数据积累收集，构建与第三方互联网平台业务场景密切相关的风险模型评估业务经营风险，推动风险计量和风险标签，强化风险识别精准度，提高风险研判能力，促进核保的动态化和定制化，逐步构建完善的第三方互联网平台业务风险管理体系。

（五）完善客户转化规划和服务机制

保险公司采取第三方互联网平台获客方式，应合理利用第三方互联网平台获取的客户资源，研究并制订二次开发举措，差异化地匹配二次营销，通过线下资源实现复杂产品的销售和客户价值的深度挖掘功能，提升引流客户黏性，将其转化为公司自有客户。同时，配套产品创新、迭代机制和服务流程，积极与第三方互联网平台进行系统对接，实现线上、线下互动服务的模式，提升线上产品服务能力。

（六）提高从业人员的风险素养

风险素养，即恰当地评估风险概率的能力，并将其与我们的认知进行权衡，同时考虑经验和情绪因素，包括风险认知、风险评估、风险决策、应对技能和风险意识等能力。在外部环境复杂严峻、内外压力和诱惑并存的情况下，第三方平台互联网业务面临着诸多不确定因素，保险公司应保持定力，加强各层级员工风险防范意识和应对能力的教育，开发风险控制模型和工具，逐步提高从业人员的险商。

参考文献

[1] 中国银保监会. 互联网保险业务监管办法[EB/OL]. (2020-12-14). http://www.cbirc.gov.cn/cn/view/pages/ItemDetail.html?docId=949137&itemId=928.

[2] 中国保险行业协会. 2021年上半年互联网财产保险市场研究报告[EB/OL].（2021-09-30）.http://www.iachina.cn/art/2021/9/30/art_22_105475.html.

[3] 苟世森. 第三方互联网保险平台业务发展模式分析[J]. 保险理论与实践，2020（4）,92-97.

[4] 中金公司. 2030中国互联网保险市场规模将达3.3万亿[EB/OL].（2021-02-24）. http://www.nbd.com.cn/articles/2021-02-24/1635180.html.

[5] 杨家杰，刘长纪，王卫红，等. 互联网保险洗钱风险及防范对策研究[J]. 西部金融，2016(4):82-87.

[6] 张晶朱，笑煜. 保险自营平台与第三方平台优劣势[N]. 中国保险报，2018-01-30（5）.

[7] 李杉杉. 内审视角下的金融消费者权益保护[J]. 审计观察，2020(6):59-63.

[8] 王小韦，田丽. 互联网保险“三方平台”发展：向左，向右？[N]. 中国保险报，2019-02-19（3）.

[9] 苏洁. 金融机构滥用信息将遭处罚[N]. 中国保险报，2021-11-01（7）.

保险私募基金管理人内控合规建设与管理探究

林娟娟

[摘要]　随着中国私募股权基金行业的迅猛发展及监管政策的支持与引导，保险私募基金从无到有，不断突破，初有成效。保险私募基金不断加强合规内控建设，促进行业有序发展。本文梳理了保险私募基金受银保监会和证监会双重监管的主要监管规定，探讨了当前监管环境下保险私募基金合规内控管理体系建设，展望完善保险私募基金的监管规范及配套规则，明确法律地位，规范合规内控要求。

[关键词]　保险私募基金；管理人；合规；内控

[中图分类号] F840.32　[文献标识码] A

保险私募基金肇始于2015年，保监会为了贯彻保险业《国务院关于保险业改革发展的若干意见》（国发〔2014〕29号）的精神，于2015年9月发布了保险私募基金的纲领性文件《关于设立保险私募基金有关事项的通知》（保监发〔2015〕89号）。该文件具有划时代意义，明确允许保险资管机构设立私募基金管理人并由该管理人发行管理保险私募基金，保险私募基金管理人应运而生。

[作者简介]　林娟娟，太平保利投资管理有限公司总监，公司投资审核委员会成员。

随着中国私募股权基金行业的迅猛发展及监管政策的支持与引导，保险私募基金虽然起步较晚，但仍取得了不错的成绩。中国保险资产管理业协会发布的产品注册数据显示，截至2021年6月底，保险私募基金注册41只，规模达3467.27亿元[①]。保险资金通过股权投资，以创新驱动赋能实体经济发展，参与资本市场建设，充分发挥保险资金长久期优势，优化内部权益投资配比，承担内部产业布局及战略投资职责。

唯有合规经营，方能行稳致远。合规经营是金融机构的基本要求，稳健审慎是企业长久发展的根基。保险私募基金管理人作为保险资管行业的新生力量，更应该在行业发展初期坚持合规经营、稳健运行的理念，正确处理内控合规与业务发展的关系，建立完善的内控合规管理体系，构建全面风险管理机制，为公司业务高质量发展保驾护航。

一、保险私募基金的监管要求

（一）双重监管：特殊的身份要求

保险私募基金管理人，管理保险资金参与股权投资而发起设立了私募股权基金，本质上是为了保险资金股权投资服务的，需要满足保险资金运用的监管规定。同时，保险资金投资形式以私募股权基金为载体，需要满足私募股权基金产品设立发行的监管要求。保险私募基金公司特殊的身份，使其既要受到银保监会的监管又要满足证监会关于私募基金的要求。双重监管背景下，给保险私募基金公司的合规性要求带来更高的要求和挑战。

随着我国金融监管体系的深化改革和日臻完善，保险私募基金的监管从无到有、从有到严，整个资产管理行业都迎来了“防风险，守底线”的监管形势。从法律法规、自律规则等层面来看，近年来保险私募基金的发展虽在实践中仍面临一定困难，但相关的监管制度已初成体系。

从监管制度来看，保险私募基金公司除了需遵守《保险法》《公司法》

① 数据来源：中国保险资产管理业协会官网。

《证券投资基金法》等金融法律的规定外，更需严格按照保险私募基金管理人的要求执行公司内控合规管理。针对保险私募基金管理人的主要监管制度，本文分别从保险资金运用与私募基金投资角度的主要监管规则进行梳理总结。

（二）保险资金股权投资基本监管要求

保险资金股权投资的监管规范主要有《保险资金运用管理办法》（保监发〔2018〕1号）、《保险资金投资股权暂行办法》（保监发〔2010〕79号）、《中国保监会关于设立保险私募基金有关事项的通知》（保监发〔2015〕89号）、《中国银保监会办公厅关于资产支持计划和保险私募基金登记有关事项的通知》（银保监办发〔2021〕103号）、《保险私募基金登记管理规则》（中资协发〔2021〕68号）等相关规范。

《保险资金投资股权暂行办法》对保险资金开展直接和间接股权投资进行明确规定，为保险资金正式进入股权投资领域提供法律支持，有效地扩展了保险资金的投资领域。《中国保监会关于设立保险私募基金登记有关事项的通知》发布后，保险私募基金管理人正式诞生，保险资管机构可设立保险私募基金管理人，发起私募产品，提升保险资金投资运作和主动管理能力。《中国银保监会办公厅关于资产支持计划和保险私募基金登记有关事项的通知》是银保监会为持续深入落实国务院“放管服”工作部署，进一步深化保险资金运用市场化改革，提高服务实体经济质效，银保监会决定将资产支持计划和保险私募基金由注册制改为登记制。《保险私募基金登记管理规则》体现了中国保险资产管理业协会进一步精简申报材料、简化登记流程、提升登记效率，建立和完善以信息披露和风险监测为核心的基金登记机制和监测管理体系。

1. 设立审慎性核准

保险资金设立私募基金需要具备相关的投资管理能力，遵循相关规定并履行决策程序。保险资产管理机构新设下属保险私募基金管理公司属保险资金重大股权投资，需要向监管部门申请核准。

同时，保险资金股权投资需要满足公司治理、管理制度、内控机制、净资产要求、偿付能力充足率等条件。保险资金设立私募基金，基金管理人由保险资产管理机构下属机构担任的，需满足监管审慎性条件，即保险资产管理机构及其关联的保险机构在下属机构的股权占比合计应当高于30%，并具有稳定的管理团队，以及独立的、市场化的管理运作机制等。

2. 公司治理机制

保险私募基金管理人应建立完善的公司治理、管理制度、决策流程和内控机制，与相应的保险资产管理机构划清权利责任边界，确保法律意义上的独立运作。应当建立健全公司治理结构，建立架构清晰、控制有效的内部控制机制，制定系统全面、切实可行的内部控制制度，确立科学有效、权属明确的投资决策体系，明确规定股东会、董事会及其专业委员会、监事和经营管理层的权责，建立职责明确、分工合理、相互制衡的风险管理组织架构，禁止不正当关联交易和利益输送的发生，保护投资者利益和机构合法权益。

3. 产品登记制度

股权投资业务的合规性是保险私募基金公司内控合规管理的重要内容。保险资金设立私募基金实行登记审核制度，特别是对基金结构、投资领域与策略、退出机制、项目储备比例、投决机制、托管机制等重要内容进行合规评估。根据《中国保监会关于设立保险私募基金有关事项的通知》等相关规定，保险私募基金需由关联保险机构出资或认缴不低于拟募集规模的30%，但可向保险机构和其他合格机构投资者募集资金，意味着不具备股权投资能力的保险公司及其他合规机构投资者也可认购保险私募基金，不得向个人投资者募集资金，可为中小保险机构提供股权投资新渠道，整合行业资金资源，拓宽保险资金投资渠道。

4. 关联交易管理制度

关联交易管理是保险资金运用及风险防范的重点审核控制点之一。为有效防控保险资金不当关联交易风险，防止利益输送和风险转移，监管部门陆续出台了系列监管制度规范保险资金关联交易行为，明确了关联方与关联交易、关联交易额的计算与比例、关联交易的内部控制、关联交易的报告和披露、关联交易的监督管理等方面的规定，保险资金股权投资需严格按照关联交易管理相关要求，全面落实合规关联交易程序和流程。

（三）私募股权投资基金主要监管规范

目前针对私募股权基金的上位法为《证券投资基金法》，其主要监管对象为公募基金，对私募证券基金仅作了原则性规定，对于私募股权投资基金，未作出明确规定。2017年8月30日发布的《私募投资基金管理暂行条例（征求意见稿）》，可以解决私募股权投资基金一直处于尴尬状态的问题。未来一旦正式生效，其地位和效力仅次于《证券投资基金法》，将一举结束私募基金在行政法规这一立法层面的空白状态，但目前正式稿尚未出台。

2014年，证监会发布的《私募投资基金监督管理暂行办法》是目前私募基金领域参照使用比较多的一部法规，明确将私募证券基金、私募股权基金等纳入监管范围，确定了私募基金登记备案、合格投资者、资金募集、投资运作、行业自律、监督管理等方面的具体要求。2021年1月8日，证监会发布《关于加强私募投资基金监管的若干规定》，针对私募基金行业现状与问题，专门制定规范私募基金行业的管理办法。

我国私募基金的监管细则更多是以行业自律规则为主，主要由中国证券投资基金业协会负责。该部分虽不属于我国法律体系的内容，但《私募基金管理人登记须知》《私募投资基金备案须知》《私募投资基金管理人登记和基金备案办法（试行）》《私募投资基募集行为管理办法》《私募投资基金信息披露管理办法》《私募投资基金合同指引》等一系列自律规则，构成了目前私募基金领域主要的监管要求，是私募监管体系中不可或缺的一部分。

1. 基金管理人登记制度

我国的私募股权投资基金管理人的市场准入无须经过行政审批，仅需向基金业协会进行私募基金管理人登记备案。相对宽松的管理人准入机制，降低了管理人的准入门槛，增加了私募基金行业的活力，提高了私募基金市场参与度，带来了目前私募基金行业蓬勃发展的新局势。截至2021年8月末，私募基金管理人有24404家①，但整个市场上管理人数量众多，资质参差不齐，破坏了行业整体环境。针对此种情况，当前监管规范频发，从严治理私募基金行业乱象问题。

2. 基金产品备案制度

为了促进私募基金行业健康持续发展，保护投资者利益，私募基金产品

① 数据来源：中国证券投资基金业协会官网。

执行备案制度，即所有私募基金产品均须向基金业协会进行基金备案。基金业协会对基金备案材料的合规性和完备性进行审核，重点关注私募基金备案的业务范围、管理人职责、托管要求、合格投资者要求、投资者资金来源、募集推介、风险揭示书等内容应符合备案须知要求。

3. 投资者适当性管理制度

股权投资的风险属性较高，需建立风险隔离机制，提高投资者市场准入门槛，加强投资者教育，审慎评判投资者适当性，建立合格投资者制度，防止不具备相应风险承受能力的投资者参与股权投资。投资者适当性管理核心在于投资者的风险识别能力和风险承受能力的认定，严格落实投资者适当性管理的保障措施和风控制度。

4. 信息披露制度

基金管理人的信息披露义务是私募基金合规性监管的重中之重。私募股权基金非公开封闭式的内在特性，导致私募基金管理人天然具有信息优势，通过监管规定对管理人进行制约，在合格投资者制度有效的前提下，及时向投资者披露相关信息，缓解投资者信息不对称问题。加强对信息披露环节的监管，能有效防范管理人滥用信息优势损害投资者利益的情况。

二、当前监管环境下保险私募基金合规内控管理体系建设

（一）健全公司治理管理机制

1. 健全内控合规公司治理体系

完善公司治理架构是加强保险资金合规内控管理的重要基础。保险私募基金作为保险资金战略发展、专业化运作的私募股权投资平台，应该理顺与保险机构及保险资产管理机构的关系，建立符合公司治理要求的组织架构，确保自身运作独立性的法人地位，与保险资金做好有效风险隔离，建立合规运行的长效机制。优化公司治理结构，明确股东会、董事会、监事等职责权限，建立架构清晰、控制有效的内控机制。

2. 建立风险内控管理组织架构

严格规范管理程序，建立和完善保险资金管理决策权、运营权、监督权相

互分离和相互制衡的机制；建立风险管理委员会，主要负责审定风险管理制度和基本战略，监督评估风险管理执行情况；明确各治理主体的职责边界、履职要求，完善风险管控、制衡监督及激励约束机制，不断提升公司治理水平。

（二）完善内控合规的制度体系

强化公司内部控制是加强保险资金风险管理的重要措施。牢固树立“内控优先”的指导思想，制定规则，依法合规运作，严格纪律，防范资金管理风险。

1. 加强合规内控制度建设

构建以风险治理制度、内控管理制度、运营风险控制和业务风险控制制度等组成的全面风险管理制度体系。完善内部规章制度，强化事前防范、事中监控和事后管理，定期检查、评估内控制度执行情况，发挥内部稽核和外部审计的监督作用，确保稽核审计工作的独立性、有效性和连续性。

2. 建立合规风险控制评估体系

保险私募基金管理人应加强科学地识别、评估、分析以及及时防范和化解内外部风险。建立有效的危机处理机制和应急措施，结合内部信息沟通平台，利用先进科技，与时俱进，积极关注国家政策和法律法规的变化，及时进行更新改进。同时，管理人可定期或不定期开展内部自查及外部风险评估，排查制度缺陷及风险隐患，不断提升合规内控治理能力。

3. 规范投资业务工作流程

保险私募基金公司要制定投资决策机制，规范资金管理操作流程，明确流程各个环节、有关岗位的衔接方式及操作标准，使之覆盖私募基金“募、投、管、退”等全部过程。审核及充分揭示私募股权投资的风险要点，严格分离投资业务前、中、后台的岗位责任，制定有效防范和控制风险的措施，做到风险评估在前，投资交易在后。

（三）建立审慎稳健的投资运作机制

1. 建立健全投资管理制度，加强保险资金运用的合规管理

保险私募基金应建立审慎稳健的投资运作机制，设定合理的投资风险偏

好，避免激进投资策略，不能单一以收益率为投资及考核的目标，应从风险、收益、期限、资本等方面对投资进行综合评估，将风险偏好策略落实到投资决策中。

2. 贯彻穿透式监管原则，加强关联交易管理

保险私募基金应严格遵守保险资金关于关联交易的各项监管要求，在资金用途、投资比例、事项报送和信息披露等方面切实做到依法合规，不得通过投资多层嵌套金融产品等手段隐匿或转移资金去向，不得通过“抽屉协议”“阴阳合同”等形式绕开监管要求，不得通过各类资金运用形式变相向股东或关联方输送利益。

3. 落实产品合规风控审核，加强资金运用信息报送和披露

保险私募基金公司要严格落实保险私募基金产品登记及私募股权基金备案等监管要求，对产品结构、基本要素、资金募集、禁止限制、投资管理、风险揭示、基金托管等重点事项进行合规性审核，保障投资业务合规运营。严格执行资金运用相关信息报告及披露制度，根据监管要求，在银保监会和证监会指定平台及时、准确、完整地提交信息披露报告，维护投资者利益，提高信息透明度。

（四）加强合规内控文化建设

1. 树立合法合规经营意识

合规经营的基本要求就是遵纪守法，遵守职业道德，诚信经营。保险私募基金管理人应牢固树立合法合规经营的理念和风险控制优先的意识，培养从业人员的合规与风险意识，营造合规经营的制度文化环境，提高员工良好的合规素养，营造良好的内部合规氛围。

2. 加强内部人才队伍建设

建立人才培养机制，加强内部合规培训，定期举行内部培训活动，主要是业务、财务、法律、合规等培训，提升工作人员的专业能力和市场竞争力。加强人才梯队建设，完善内部激励机制，提升员工素质，加强业务正向发展，防范不当交易。

3. 执行合规内部控制排查与追责制度

落实有效的监督考核机制、明确的合规责任制度和问责制度，以及建立

相应的惩罚约束和激励制度。对内部控制规则的执行情况进行定期和不定期检查、监督及评价，排查内部控制制度是否存在缺陷及实施中是否存在问题，并及时予以改进，确保内部控制的有效执行。

三、问题与展望

随着私募股权投资市场的发展及保险资金股权投资的监管松绑及政策引导，保险私募股权基金占保险资金投资的比例不断提升，保险系股权投资基金的优势不断显现。同时，随着保险资产管理行业监管制度的日臻完善，保险私募基金的监管配置也在逐步跟上。但是从目前市场上保险私募股权基金产品发行的频率和规模来看，相对非保险私募股权基金市场发展而言稍显滞后。

目前保险私募基金缺乏适应当前市场发展的配套规则，保险私募基金受银保监会和证监会的双重监管，合规内控要求较高。保监发〔2015〕89号是保险私募基金诞生的依据，对保险私募基金管理人的内控合规性要求较为原则性，随着监管政策演变及市场环境的日新月异，已较难满足当前的要求。2020年发布的《保险资产管理产品管理暂行办法》中未将保险私募基金纳入保险资产管理产品体系，使保险私募基金仍处于尴尬地位。相应地，保险私募基金在保险资金配置时，偿付能力计量、权益类监管比例无法适用额度豁免政策、关联交易审批形式合规非实质公平以及审批程序繁琐、冗长。

保险私募基金合规内控建设，需要在明确合规性监管规范的基础上，不断完善监管制度体系，保险私募基金管理人需要不断强化内控合规管理建设，厚植稳健审慎经营文化，促进行业健康有序发展。

参考文献

[1] 康乐. 保险私募基金发展现状与展望[J]. 中国保险资产管理，2021(3).

[2] 刘妍麟. 保险资金投资私募股权基金风险问题研究[J]. 经济研究，2017(8).

[3] 葛佳俐. 私募基金行业全面风险管理体系中三个支柱建设探析[J]. 时代金融，2020(5).

[4] 杨荣星. 论私募基金的监管框架[J]. 商业管理，2019(6).

金融活动中个人隐私权保护问题初探

四川银保监局跨部门研究小组

［**摘要**］ 金融消费者隐私权是个人隐私权在金融领域的延伸和发展，对其进行有效保护，是持续优化金融环境、维护金融消费者合法权益的重要手段，也是促进金融行业健康发展的重要抓手。在金融市场日趋成熟完善、全民权利意识不断觉醒的大背景下，金融活动中个人隐私权的保护也受到了越来越多的重视。但在金融实践中，由于信息不对称等原因，相对于金融机构，金融消费者往往处于弱势地位，个人隐私权屡屡遭受侵害，加强金融活动中个人隐私权的保护已势在必行、迫在眉睫。本文从金融隐私权这一概念切入，首先论证金融隐私权保护的经济和法律等理论基础，然后根据调查问卷收集数据，并结合当前金融消费者隐私权保护的现状与存在的问题进行分析，最后从四川省金融实际出发，提出相关完善建议，构建对金融消费者隐私权的全方位保护体系。

［**关键词**］ 金融消费者隐私权；救济手段；归责体系；监督

［**中图分类号**］D923 ［**文献标识码**］A

［**作者简介**］ 课题研究组负责人：李弘，绵阳银保监分局党委书记、局长。课题组成员：陈华，雅安银保监分局党委书记、局长；唐祺，四川银保监局农村中小银行机构监管处副处长；陈秋，四川银保监局其他非银行金融机构监管处副处长；熊博，四川银保监局办公室副主任；罗科，四川银保监局普惠金融处副处长；李俏丽，四川银保监局办公室科长；刘璟，四川银保监局办公室一级主任科员；文乔琦，四川银保监局办公室四级主任科员；杨山英，四川银保监局办公室科长；夏冰洁，四川银保监局办公室四级主任科员；侯倩，四川银保监局办公室一级主任科员；黄萍，四川银保监局办公室一级主任科员；胡姗姗，四川银保监局德阳分局副科长；孙渝靖，四川银保监局广元分局四级主任科员。

一、金融消费者隐私权保护的概念界定与理论证成

（一）金融隐私和金融隐私权

根据《中华人民共和国民法典》规定，隐私是自然人的私人生活安宁和不愿为他人知晓的私密空间、私密活动、私密信息。我国历来重视隐私权的保护，《中华人民共和国宪法》中载明“中华人民共和国公民的人格尊严不受侵犯”，并保护中国公民住宅不受侵犯以及通信自由与通信秘密的权利。《中华人民共和国民法典》第一千零三十二条规定：自然人享有隐私权，任何组织或者个人不得以刺探、侵扰、泄露、公开等方式侵害他人的隐私权。金融隐私和金融隐私权是民法中隐私和隐私权概念在金融领域的进一步延伸和发展。

1. 金融隐私的内涵和分类

金融隐私是消费者和金融机构的交易活动中提供和产生的消费者的个人信息、个人信息的加工以及基于这些信息获取的其他个人信息（陈俊和吴韬，2016）。隐私具有明显的个人特征，而金融隐私涉及更多的个人诚信状况和金融服务需求。

个人金融信息从性质上可以分为个人一般信息和个人敏感信息。敏感信息指该信息的泄露和利用可以直接识别个人信息主体并产生严重的不良影响，例如种族、政治观点、宗教信仰、基因、指纹等。根据2013年实施的《信息安全技术公共及商用服务信息系统个人信息保护指南》，对于个人一般信息的处理可以建立在默许同意的基础上；对于个人敏感信息，则需要建立在明示同意的基础上获得个人信息主体的授权。因此，金融隐私保护的重点是涉及特定个人的敏感信息。

根据各个国家的实践，可以将金融隐私分为负面金融信息和非负面金融信息两类。负面金融信息是对个人不利的金融信息，这类信息可以在规定的范围内共享，一方面可以提高金融市场的运行效率，另一方面可以通过法律手段引导人们的行为方式。负面金融信息包括违约或拖欠款项的报告、核销和破产的信息、有关的诉讼和判决信息等，主要体现一个人的诚信状况和重大财产风险情况。而非负面信息一般不涉及公共利益，个人应该拥有对非负面信息更多的决定权。

根据《个人金融信息管理：隐私保护和金融交易的权衡》①，金融隐私具体包括：（1）身份类信息，如姓名、性别、出生年月、身份证号码、联系电话等具有个人身份特征的信息；（2）交易类信息，包括开立账户、信用信息、投资理财信息和保险信息；（3）衍生类信息，主要指金融机构利用金融隐私进行加工处理而得到的有关某个客户（而非某个群体）的总体印象，例如利用大数据和数据挖掘收集的消费者交易数据、浏览信息、家庭信息等，从而整合得到个人的性格画像、消费习惯、社会关系等；（4）社会记录，主要是指国家机关在履职中制作的、与个人有关的、可依法公开的信息，包括法院判决执行以及个人破产的信息等。

2. 金融隐私权

金融隐私权即消费者对金融隐私享有的权利，是对个人金融信息享有的自主控制并排除他人非法知悉、使用的权利（吴启迪，2017）。金融市场是信息市场，对金融隐私的利用可以产生巨大的经济利益，因此金融隐私权兼具人格权和财产权的双重属性，而其特殊的财产属性决定了金融隐私权的核心在于对金融隐私及其利益的支配。其内容主要表现在三个方面。

（1）控制支配权。控制支配权即权利人能直接控制并支配金融隐私及其利益，有权决定是否公开、如何公开、公开的范围和方式，并对信息的后续管理具有决定权，可以选择删除、修改、撤回相关信息，对个人信息加工生成的信息也具有控制权。

（2）知情权和参与权。知情权包括与金融机构发生金融业务的事前、事中、事后应当得到金融机构主动明确告知的信息的权利。例如，金融机构事前应告知消费者该业务将使用信息的范围、方式、保护政策等，事中应告知消费者其信息存储的内容和方式等，事后应告知消费者将其信息用于该业务以外的其他业务或者共享给其他金融机构并给予消费者选择的权利。参与权是消费者可以主动参与其中并获知其信息如何记录、如何产生、如何运用的权利。

① 参见马运全. 个人金融信息管理：隐私保护和金融交易的权衡[D]. 济南：山东大学经济法学博士学位论文，2014.

（3）救济权。救济权即权利人在相关权利受到侵犯时向司法机关寻求救济、获得损失补偿的权利（胡荣荣，2013）。现实中，金融消费者在遇到权利受到侵害时，与金融机构相比，往往处于弱势的一方，救济权不仅能从动机上阻止金融机构肆无忌惮地利用消费者的信息，而且能进一步提升金融消费者对金融机构的整体信任度，从长远来看，有利于构建金融消费者和金融机构的良性和谐关系。

（二）金融隐私权保护理论基础

1. 金融隐私权保护对社会和经济的意义

（1）消费者主权理论。消费者主权指在生产经营者的经济活动中，最终发挥决定性作用的是消费者，而不是生产者。该理论认为企业的生产最终要满足消费者需求，偏离消费者需求的企业不可能实现利润最大化，在竞争中必然会退出市场。这样的以满足需求为目的的生产不仅能使企业获得最大利润，而且社会也能获得最大的福利。

这种消费者主权经济和消费者主权理念要求政府在妥善处理各种复杂的社会经济关系时，首先考虑消费者的利益。这种理念也为消费者权益保护提供了理论支持。

信息不对称理论。信息不对称理论的基本思想是在市场经济活动中，交易各方掌握的信息存在差异，掌握信息比较充分的一方，往往处于更有利的地位（易凤，2017）。信息不对称在金融市场交易中普遍存在，交易前信息不对称容易造成逆向选择；交易时容易产生道德风险，这是市场失灵的一种表现形式，靠市场本身难以解决，需要政府对金融活动进行规范，并加强信息披露，降低信息获取成本，营造公平的市场环境。金融消费者获取信息的渠道和手段有限，处于弱势地位，且由于金融具有一定的专业性，部分金融产品设计结构复杂、用语深奥，一般金融消费者难以完全理解并作出符合自身条件的决定。在这个过程中，金融消费者还可能面临金融欺诈和销售误导，缺乏获取有效信息的渠道。

信息不对称理论不仅要求加强信息披露，完善网络建设和金融诚信建设，降低消费者的信息不确定性，而且要求建立金融消费者征信制度，通过建立金融机构与金融消费者之间相互信任的制度机制，实现两者之间公平有效的双向选择。

双峰监管理论。基于英国分业监管体制和混业化经营金融体系的研究，英国经济学教授Michal Taylor在20世纪末提出了双峰监管理论，认为有效的金融监管应当致力于两大目标：一是确保金融机构审慎经营，维持金融系统稳定；二是保证金融消费者的权益不受侵犯、免受欺诈（贾晓雯，2018）。一方面这两个目标间存在一致性，即金融系统的稳定能避免消费者蒙受重大损失，对消费者的保护又能促进金融市场的稳定；另一方面二者存在一些差异，前者更多着眼于金融机构的利益，后者更多着眼于金融消费者的利益，例如脱离金融监管的金融创新在方便金融消费者的同时，也会越界侵犯消费者的隐私权或引诱消费者承担更大的风险，但如果一味保护消费者的隐私权益而过度限制金融市场的信息共享，不利于行业更好的发展。

因此，Michal Taylor认为，单一监管机构很难同时协调好两个目标，应根据不同监管目标设立两个相互独立的监管机构——金融稳定委员会和消费者保护委员会。消费者保护委员会负责对金融机构及金融市场实施监管，确保机构的合规经营及金融市场的公平诚信。

2. 金融隐私权对个人的意义

（1）人格权属性：尊重人格尊严的需要。

隐私权是人格权之一，保护隐私权就是保护个人的尊严和自由。隐私（包括金融隐私）记录了个人在社会中的各种静态信息以及社会活动产生的动态信息，描绘的是一个特定的人的生活轨迹，带有个人的特殊烙印。对这些信息的尊重也是对一个人的人格尊严的保护。《世界人权宣言》《公民权利和政治权利国际公约》等文件已从保护基本人权的角度来看待隐私权，《中华人民共和国宪法》明确载有“中华人民共和国公民的人格尊严不受侵犯”。

随着金融活动的普及和深化，金融隐私权的保护对个人生活的影响越来越大，但是社会对金融隐私保护的重要性的认知已经滞后于经济的发展。传统的“默示条款”以及银行保险机构保密义务提供的保护不仅难以被监督，也很难适应新的变化。面对信息泄露和信息盗窃，如果没有造成财产损失，许多金融消费者都不会选择维权或者难以找到有效维权的途径，只能忍气吞声，消费者的人格尊严得不到尊重。因此，对于金融隐私保护，不仅需要进一步明确具体内容，还需要创新方式提高保护能力。

（2）财产权属性：金融信息是个人的重要财富。

经济金融活动在我们日常生活中越来越重要，在这些活动中形成的信息成为了一个人进行金融活动的“名片”，反映了一个人的诚信状况和财产状况，也是一个人的重要财富。无论这些记录是向金融机构购买服务过程中形成的交易信息，还是生活消费中通过第三方支付公司形成的金融信息，都是源自个人的真实生活。个人通过积累良好的信用信息，能更容易获取贷款，也能享受到更高质量的金融服务。如果任由这些信息被他人随意窃取和贩卖，容易发生金融诈骗，导致个人财产损失。由此可见，金融隐私逐渐成为个人财富的重要组成部分。随着信息盗窃和信息泄露的不断发生，金融消费者隐私权的财产安全受到新的威胁，金融隐私权保护的重要性进一步提高。

3. 信息共享和金融隐私保护的平衡

金融市场的发展依赖个人金融信息的获取和利用，以银行信贷市场为例，如果存在征信制度等信息共享制度，那么银行可以获得贷款申请人的信用信息并评估其信用风险，减少信贷成本，从而减少逆向选择，提高市场的分配效率。可见如果能对信息传播的范围和利用的方式进行管控，信息共享对金融市场的发展是有利的，能减少逆向选择和道德风险，提高效率、降低成本。因此，对金融隐私的保护不是禁止金融机构利用这些信息，而是避免金融隐私在没有监督的情况下被滥用。

二、金融消费者隐私权保护的现状与存在的问题

（一）金融消费者隐私权保护的现状

在国家法律层面，2021年施行的《中华人民共和国民法典》第一次以法律的形式对隐私的概念作出明确的规定，其第一千零三十二条规定自然人享有隐私权，第一千零三十三条规定了侵害自然人隐私权的行为，第一千零三十四条规定：“自然人的个人信息受法律保护”，“个人信息中的私密信息，适用有关隐私权的规定”。在部门规章层面，国务院2015年发布了《关于加强金融消费者权益保护工作的指导意见》（国办发〔2015〕81号），规定保护金融消费者信息安全权，“金融机构应当采取有效措施加强对第三方合作机构的管理，

明确双方权利义务关系，严格防控金融消费者信息泄露风险，保障金融消费者信息安全”。2007年,中国人民银行、中国银监会、中国保监会等部门联合下发了《金融机构客户身份识别和客户身份资料及交易记录保存管理办法》，规定了“金融机构应当按照安全、准确、完整、保密的原则,妥善保存客户身份资料和交易记录”。2011年、2012年，中国人民银行先后发布《关于银行业金融机构做好个人金融信息保护工作的通知》（银发〔2011〕17号）、《关于金融机构进一步做好个人金融信息保护工作的通知》（银发〔2012〕80号），前者规定“银行业金融机构不得篡改、违法使用个人金融信息。使用个人金融信息时，应当符合收集该信息的目的，并不得进行以下行为：（一）出售个人金融信息；（二）向本金融机构以外的其他机构和个人提供个人金融信息，但为个人办理相关业务所必需并经个人书面授权或同意的，以及法律法规和中国人民银行另有规定的除外；（三）在个人提出反对的情况下，将个人金融信息用于产生该信息以外的本金融机构其他营销活动”。

长期以来，银保监会系统高度重视金融消费者隐私权保护在内的金融消费者权益保护工作，银保监会成立了独立的消费者权益保护局，四川银保监局成立了消费者权益保护处，指导建立了四川银行业纠纷调解中心，制定了一系列金融消费者权益保护和救济制度，切实维护了金融消费者的合法权益，为提升金融消费者的获得感和幸福感提供了重要渠道和有效保障。2019年10月10日，银保监会发布了《关于开展银行保险机构侵害消费者权益乱象整治工作的通知》，其中重点整治的乱象行为包括“客户信息安全保护不到位。消费者个人信息收集和使用不规范，目标客户联系方式等个人信息通过非法手段获取，未取得消费者明确授权的情况下，将其资料用于其他产品和服务的交叉销售或为关联第三方荐客，未经客户同意或无法定事由向第三方机构或个人提供消费者的姓名、证件类型及证件号码、电话号码、通信地址及其他敏感信息”。

虽然金融消费者隐私权保护在近年来取得了一定的成效，但在现实金融活动中，侵犯金融消费者信息安全、损害金融消费者隐私权的行为和乱象依然层出不穷，严重扰乱了公平公正的金融市场秩序。从监管部门公布的统计数据来看，人民银行受理的各类消费者投诉案件中，涉及个人金融信息的投诉数量居第三位。在四川银保监局2015年至今收集到的金融消费者投诉处理典型案例中，半数与泄露消费者信息有关。如某金融机构将某贷款客户信息泄露给其他公司，最终该贷款客户深陷高利贷陷阱，造成了巨大的财产损失和恶劣影响；某金融消费者向监管部门投诉反映，某银行利用其遗留在银行的身份证、房产证等复印件，不进行贷款核实，导致他人冒用其夫妻名义向银行借款，并对他们名下房产办理了抵押登记等。

为进一步摸清四川省金融消费者隐私权保护的现状，深入了解消费者对金融隐私保护的现实感受和目前存在的问题，调研组通过线上发放问卷和随机选择银行业网点调研的方式开展问卷调查。共回收问卷234份，其中有效问卷229份，无效问卷5份。

整体来看，金融服务已经成为消费者的日常需求。消费者接触金融服务的渠道丰富，近8成的消费者均使用过柜台银行、ATM、网上银行、手机银行、支付宝、微信支付。使用最多的三类金融产品分别是银行储蓄或贷款、保险和理财，平均覆盖人群达到62.45%。而在对这些金融服务的满意度调查中，较为满意占51.53%，一般占34.06%，非常满意或者非常不满意的占比较少。这反映了消费者不仅对金融产品有较大的需求，而且对金融服务水平也提出了更高的要求。金融消费者基本权利保护情况的调查显示，56.77%的消费者曾遭遇过基本权利受到侵害的情况。在权利被侵犯的情况中，消费者认为权利受到侵犯最多的是知情权和隐私权，占比均超过50%（见图1）。

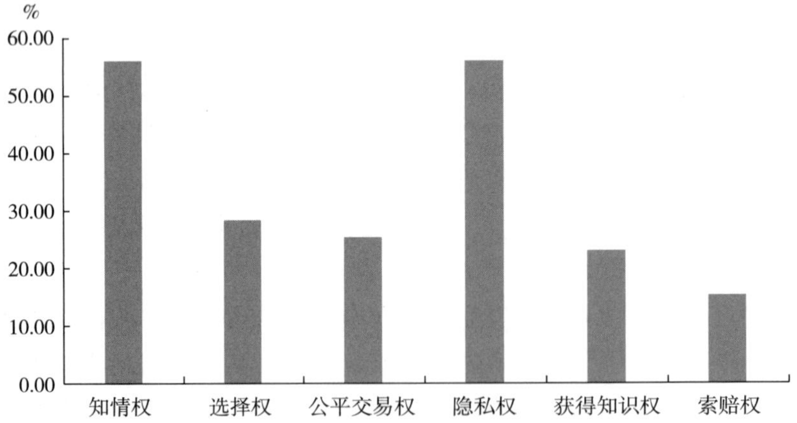

图1　金融消费者认为曾受到侵犯的权利类型

调查发现，许多消费者曾收到电话形式的金融产品推销，主要推销产品为银行保险产品，其中推销银行贷款、办理信用卡、销售保险的，分别占35.81%、20.96%、20.52%。此外，部分消费者曾接到疑似诈骗电话。在对各类金融信息重视情况的调查中，金融消费者对个人身份信息和通讯资料重视的人数最多，分别占96.51%和81.66%，而对财务信息和征信信息的重视人数则少于7成。针对信息泄露问题，过半数消费者表示对银行机构和保险机构保护个人隐私方面保持信任，分别占56.77%和51.97%。76.42%的消费者认为信息泄露的源头集中在各类手机APP和互联网的信息收集以及不法分子侵害，仅21.83%的消费者认为金融机构是信息泄露的主要源头。当隐私权受到侵害时，85.59%的消费者都会选择维护自己的权益。其中，一半以上消费者愿意选择到银保监局投诉、与银行协商、向消费者协会投诉，分别达到了选择维权消费者的77.04%、68.88%、68.37%（见图2）。

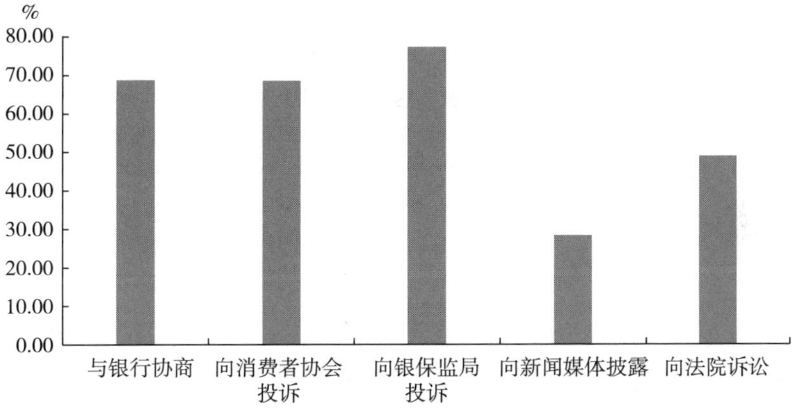

图2　金融消费者维权方式选择

按照消费者满意度分类，将选择满意或者较为满意的消费者归为满意组，选择一般或者不满意的消费者归为不满意组，对比来看，满意组更愿意购买金融服务、使用多样的金融服务渠道，权利受到侵犯的比例较少，权利受侵犯的平均数量更低。满意组基本权利受到侵犯的比例为46.62%，而不满意组对应比例高达75.31%。就权利被侵犯的情况而言，在受到侵犯的基本权利类型上，不满意组在每一项的选择都高于满意组（见图3）。当隐私权受到侵害时，满意组有89.86%的消费者会选择维护自己的权益，不满意组这一比例只有77.78%。同时，满意组更愿意积极寻找各种渠道进行维权（见图4）。此外，满意组相较不满意组被推销金融产品的频率更低，同时对金融机构信息保护的信任程度更高，更少认为金融机构是信息泄露的源头。保护消费者的基本权利不受侵犯，和畅通消费者维权渠道，可以大大提高消费者对金融服务的满意程度。

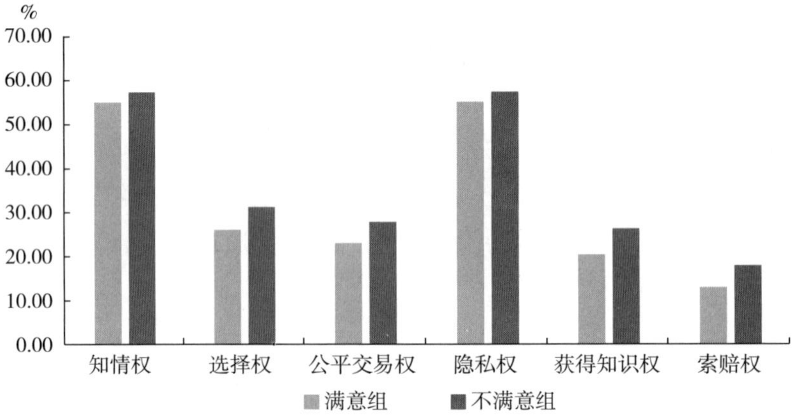

图3　金融消费者满意程度与权利侵害对比

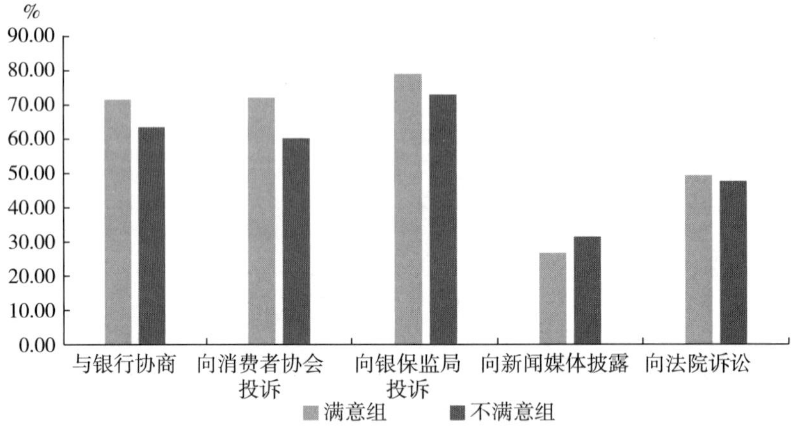

图4　金融消费者满意程度与维权方式对比

按照对金融的普及程度分类，将选择知道银行、证券公司、融资担保公司和小额贷款公司等机构差异的消费者归为知道差异组，将选择不知道差异的消费者归为不知道差异组，相比之下，前者使用更多的金融服务和更多的金融服务渠道，平均使用金融服务的数量分别为2.92个/人、1.84个/人，平均使用金融服务渠道的数量分别为5.20个/人、4.04个/人。可以看出，提高消费者的金融知识水平对提高消费者的金融需求有积极作用。在权利是否受侵害情况方面，二者没有显著差异，均有近6成的消费者认为其基本权利受到过侵犯，但平均受到侵犯的权利的数量分别为1.85个/人、2.38个/人。而对具体哪项权利受到侵害，前者更加强调知情权、隐私权，后者更加强调索赔权、获得知识权、选择权（见图5）。在个人信息重视方面，知道差异组更加重视各种不同的个人信息，特别是在财务资料和征信资料方面两者差异较大（见图6），可以看出随着基本金融知识的普及，消费者越来越重视对知情权和隐私权的保护。

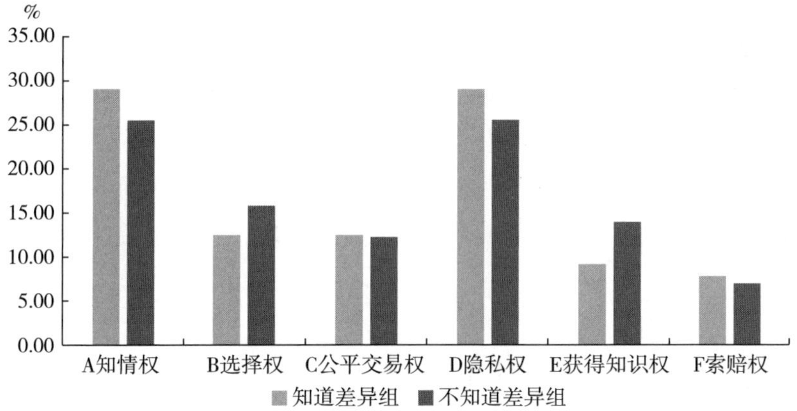

图5　金融知识普及程度与权利侵害对比

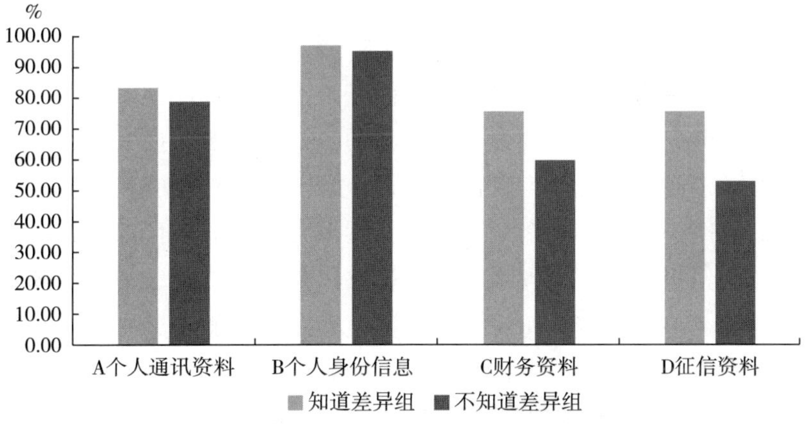

图6　金融知识普及程度与个人信息重视类型对比

（二）金融消费者隐私权保护存在的问题

1. 制度规定较为粗放

虽然金融消费者的隐私权在法律法规和部门规章方面有相关依据，但总体来说规定得较为简单和笼统，在实践中缺乏具体的指导和可操作性。如相关制度规定了银行业金融机构不得篡改、违法使用个人金融信息，但在使用时仍存在明显缺陷。一是未对个人金融信息加以界定，即何为个人金融信息（金融隐私）。二是未对金融隐私权的权利主体予以规范，即是否将所有的自然人客户信息作为保护的对象，法人客户的金融信息是否也在保护之列。三是对金融隐私权的义务主体界定较窄，仅规定银行业金融机构要保护客户的金融信息，但实践中还存在着大量与金融机构有直接或间接业务联系从而获得相关消费者信息的机构，如担保公司、小贷公司等，应当将其纳入金融隐私权保护的义务主体。四是未对金融隐私权保护的内容加以细化，即哪些信息属于消费者的金融信息，除金融消费者在金融机构的存贷款等账户信息、征信信息、保险信息外，个人的身份、地址、交易价格、交易时间等信息是否也属于金融消费者隐私权的保护范畴等。这些都需要在制定相关制度时予以细化明确。

2. 救济手段相对缺乏

虽然现行的相关制度规定了金融机构有保护金融消费者信息安全、不得侵犯金融消费者隐私的义务，但未专门规定相应的救济途径。在实践中，当金融消费者权益受到侵害时，可根据《中华人民共和国民法典》的相关规定，通过司法途径加以解决。但通过司法途径解决需要当事人大量的人力、物力、财力作为支撑，当金融消费者遇到自身金融信息被泄露时，往往因为救济方式较为复杂而选择息事宁人，除非侵害行为极其恶劣或造成严重损失时才会选择寻求救济，这也或多或少助长了少数机构侵害金融消费者权益的不良行径。目前，除司法的诉讼途径外，各级金融监管部门有消费者权益保护部门，当金融消费者的隐私权受到侵害时，可以到金融监管部门投诉。但相较于司法部门，金融监管部门的调查手段和权限相对有限，往往要求相应的金融机构进行核实，如果确有侵害的行为立即进行改正，多采取的是个案解决的方式，如果金融消费者未进行投诉，则较难发现银行机构侵犯金融消费者隐私权的行为。

3. 归责原则存在瑕疵

如前文所述，金融消费者隐私权受到侵害时，依据《中华人民共和国民法典》对隐私权的规定进行责任认定，即消费者需要证明金融机构侵害了其隐私权，有相应的“过错”，才可以追究金融机构的责任，即“一般过错责任”归责原则。然而在实践中，金融机构在资金、技术、专业知识、信息获取等方面往往具有天然的优势，处于弱势地位的金融消费者和处于强势地位的金融机构之间的利益冲突是实践中金融消费者隐私权屡遭侵害的根源，金融消费者在实践中由于自身知识限制、可用维权手段缺乏以及金融机构不配合等因素，很难获取金融机构侵犯其隐私权、存在相应过错的直接证据，以“一般过错责任”原则要求金融消费者，显然不符合法治的公平原则，也不利于金融消费者权益的保护。

4. 金融数据未合理利用

金融机构通过金融活动获得大量金融消费者数据，在互联网广泛应用的当下，这些都是宝贵的大数据，通过分析、处理和深入挖掘这些数据，如重新定位客户价值、判断客户偏好、挖掘流失客户原因等，可为金融机构提供有价值的参考，提升其核心竞争力。但实践中，金融机构缺乏挖掘数据的先进技术手段，仅仅停留在对数据进行表面的应用，如向存款客户推销保险，对留下联系方式的客户进行电话营销、将客户信息透露给第三方机构等，反而造成了对客户的骚扰，一不小心就演变成了侵害金融消费者的隐私权的行为。究其原因，既有金融机构内部的管理缺位或疏忽，也有个别银行员工职业道德的缺乏，更是因为缺乏对金融大数据良好的处理和应用能力，导致金融消费者的信息数据没得到最有效和合理合法的运用。

三、完善金融消费者隐私权保护的建议

（一）明确界定相关概念，确立权利保护前提

基于我国金融消费者隐私权制度规定粗放的现状，更好地保护金融消费者隐私权的前提是必须明确界定金融信息及金融隐私权的内涵和外延。

1. 建议明确界定金融隐私信息的内容

从两个维度界定，即从消费者角度：消费者在金融交易活动中产生并与其

本人相关的各种信息集合；从金融机构角度：金融机构在与客户发生金融业务往来时，基于其主体身份所收集、了解、加工和使用的各种信息集合，具体包括但不限于：个人身份信息、个人信用信息、银行账户信息、投资理财信息、保险信息以及能够判断客户偏好的交易习惯、交易记录等信息。

2. 金融消费者隐私权的内容

金融消费者隐私权指在金融交易的过程中，金融消费者所享有的与公共利益无关的个人金融账户信息、金融交易信息以及与金融交易相关的其他信息等依法受到保护，不被他人非法侵害的权利（李瑞缘，2013）。从实践分析来看，金融隐私权应当具有以下几个权能：一是使用和支配权，即金融消费者有权在金融交易中对自己的隐私信息进行使用以达到金融目的，其他自然人或法人无权进行干涉。同时允许依法在经其授权的情况下由他人或金融机构使用相关信息。金融消费者若不愿意公开自己的个人信息、金融账户信息、交易信息或其他信息，有权要求金融机构对这些信息予以合理保密，除非经得本人同意，不得向任何人予以公开，但为公共利益和国家利益需要公开的除外。二是知情和参与权，包括金融消费者与金融机构发生金融业务的事前、事中、事后应当得到金融机构主动明确告知信息的权利。同时，金融消费者可以主动在金融活动中获知其个人有关信息如何被记录、如何产生、如何运用。三是救济权。当金融消费者隐私权遭受侵害时，有权通过相关途径予以救济，包括行政救济、司法救济等。

（二）整合制度、完善立法，建立合理归责体系

1. 从分业立法到逐步整合法律，保护金融消费者隐私权

基于我国金融消费者隐私权一直以来未在法律层面上单独立法，仅将其归在隐私权这个大类中加以保护，相关规定散见于层级较低的规章和规范性文件的现状，以及我国金融分业监管的现实，提出以下建议，首先提高金融隐私权立法的法律层级。结合金融分业监管的现实，针对不同行业，尤其是银行、保险、证券等重点行业的实际，在《中华人民共和国商业银行法》《中华人民共和国保险法》《中华人民共和国证券法》及相关的法规规章中，分别制定相关的金融隐私权保护内容。其次在不断完善监管方式和体系的基础上，逐步对法

律法规及部门规章中金融消费者隐私权内容的有关规定进行整合，参照欧盟建立《数据保护指令》模式，制定专门的《金融隐私权保护法》，明确个人金融信息隐私的保护要素，对侵权行为高发的重点环节和重点领域进行明确规制，同时明确金融消费者、金融机构的权利和义务，建立事前预防、事后救济的保护机制，为金融隐私权的保护提供更为系统和高标准的法律保护依据。

2. 建立过错责任归责原则，举证责任倒置

按照《中华人民共和国民法典》的规定，一般侵权行为如侵害隐私权，其归责原则为过错归责原则。侵害金融消费者隐私权应当适用过错归责原则。但由于实践中金融消费者隐私权的侵害主体多为金融机构，判定侵权行为是否成立就需要确定金融机构存在过错。然而作为侵权主体的金融机构和作为受害人金融消费者在经济、社会、信息对等、专业技术等方面存在不平等，金融消费者明显处于弱势地位，由其证明金融机构存在过错显得异常困难。因此立法中对弱者给予倾斜性保护就成了一种必然选择，金融消费者隐私权侵权行为归责原则可以过错原则中的过错推定为归责原则，即举证责任倒置，由侵权主体金融机构承担举证责任，证明自身无过错，如无法证明，则其承担不利后果。

（三）多方合力强化协同，丰富救济手段渠道

虽然现行的相关制度规定了金融机构不得侵害金融消费者隐私权，但未专门规定相应的救济途径。实践中大多为司法救济或行政救济，然而司法救济成本高，目前法律规定不够完善，造成救济不力。行政救济手段局限且被动，不利于有效保护金融消费者隐私权。鉴于此，多方协调，丰富救济手段，将司法救济、行政救济、行业组织救济以及提升消费者自主维权能力相结合，能够更加有效地保护金融消费者隐私权。一是司法手段救济。虽然司法救济成本较高，但在定纷止争方面具有终极权威性，因此是维护金融消费者隐私权的最后一道屏障。当前司法救济成本高的原因在于诉讼程序专业复杂，现有举证责任原则不利于金融消费者。建议在完善立法的同时，在法律法规中明确司法救济有关规定，在处理侵害金融消费者隐私权案件时多利用调解方式结案，简单案件适用简易程序，采取举证责任倒置原则，对明显处于弱势地位的金融消费者予以倾斜保护。二是行政救济。与司法救济相比，行政救济相对更具有高效性

和便捷性，同时作为金融机构的监管机关具有一定的权威性。因此行政救济应当发挥更为有力的作用。在立法层面解决行政监管机关救济依据问题的前提下，明确赋予监管机关相应的调查处罚权，对违反监管规定侵害金融消费者隐私权的金融机构设定相应的处罚规则。同时更好地发挥监管机关消费者权益保护部门的作用，在发生侵权行为后介入协调，对仅能采取民事救济的案例引导消费者通过行业组织救济、司法救济等途径解决，对违反监管规定的行为依法进行处理，提升行政救济的有效性、权威性。三是行业组织救济。发挥如银行业协会、保险行业协会等金融机构行业协会在金融消费者隐私权保护方面的作用。强化行业协会消费者权益保护中心的作用，落实诉调对接制度，畅通金融机构与金融消费者沟通渠道，当好中间调解人。同时搭建与监管机构的信息共享平台，对于侵害金融消费者隐私权行为的金融机构，纳入黑名单，并与其业内考核和监管评价挂钩，形成有效制约。四是提高消费者自主维权能力。加大金融信息隐私权保护知识的宣传力度，促使金融消费者明确金融隐私保护范围，在合法权益受到侵害时能够自主寻求有效救济渠道。同时提高防范意识，保护个人金融隐私不受侵害或在侵害发生时能够避免损失扩大。

（四）加强市场前端控制，构建监督防控体系

第一，银行业保险业等金融机构强化内控管理，将保护金融消费者隐私权纳入内控管理中。建立银行业保险业等金融机构消费者基本信息和消费记录等隐私信息的安全保护工作制度，具体包括消费者的基本信息的收集、使用、外部查询等方面。将金融消费者隐私权保护制度的执行情况纳入各业务条线考核，作为内控绩效考核的重要一环，与相关工作人员年度考核评优挂钩，同时对侵害消费者金融隐私权的行为给予内部追责。用内部制度在前端规制银行业保险业等金融机构及其人员，促使其“绷紧”保护金融消费者隐私权的“弦”，通过严格的考评惩处制度反向制约其出现侵权行为。

第二，银行业保险业等金融机构监管机关依法将金融消费者隐私权保护工作纳入现场检查及机构监管评价中，督促有关金融机构强化金融消费者隐私权保护力度。监管机关消费者权益保护部门可以定期或不定期开展消费者隐私信息保护情况检查，检查内容包括但不限于消费者隐私信息收集程序材料是否齐

备、消费者隐私信息的保存情况、内部人员查看使用隐私信息的权限管理等方面。根据现场检查情况提出审慎经营的意见及建议，对违反内控制度的行为予以纠正，对违反法律法规的行为依法处罚。同时结合日常监管中消费者就金融机构侵害隐私权的投诉率以及金融机构在与消费者发生侵害隐私权纠纷时协商解决渠道是否畅通等方面的情况开展评价，将评价结果纳入机构消费者保护工作年度考评。以强化前端监管促监督，有效防控侵害金融消费者隐私权行为的发生。

第三，发挥银行业协会、保险行业协会等金融机构自律组织在金融消费者隐私权保护方面的监督作用。根据各个行业实际情况制定基于消费者隐私权保护的评级制度，评级制度中包含但不限于金融机构内控制度是否包含保护消费者隐私权的有关内容、是否制定收集与使用消费者隐私信息的规程、是否对机构工作人员开展保护金融消费者隐私权的培训、是否建立金融隐私权纠纷案件的处理渠道等。同时根据相关制度的执行情况进行年度评级。定期在行业内部通报评级结果，并将有关结果向监管机关报送，配合监管机关开展更为全面科学的消费者保护工作评价。此外，视情况向金融消费者公布评级情况，进一步维护消费者知情权，供消费者主动选择服务时参考，发挥消费者监督作用，同时促使金融机构更加重视金融消费者隐私权保护工作。

参考文献

[1] 陈俊，吴韬. 论互联网时代金融消费者隐私权的法律保护[J]. 淮南师范学院学报，2016（4）.

[2] 吴启迪. 论我国涉税信息共享机制的构建——以第三方涉税信息披露义务为视角[J]. 黑龙江省政法管理干部学院学报，2017（1）.

[3] 胡荣荣. 金融隐私权法律保护研究——以金融消费者权利为中心[J]. 教育教学论坛，2013（24）.

[4] 易凤. 供给侧改革背景下建行Y市分行信贷结构调整研究[D]. 南昌：江西财经大学硕士学位论文，2017.

[5] 贾晓雯. 双峰监管：理论起源、演进及英国监管改革实践[J]. 海南金融，2018（5）.

[6] 李瑞缘. 金融消费者隐私权保护机制的缺陷及对策分析[J]. 西南金融，2013（9）.

责任编辑：王慧荣　张婷婷
责任校对：李俊英
责任印制：程　颖

图书在版编目（CIP）数据

保险理论与实践. 2022.1/中国保险学会编. —北京：中国金融出版社，2022.1

ISBN 978 – 7 – 5220 – 1497 – 5

Ⅰ. ①保…　Ⅱ. ①中…　Ⅲ. ①保险学　Ⅳ. ①F840

中国版本图书馆CIP数据核字（2022）第046147号

保险理论与实践. 2022.1
BAOXIAN LILUN YU SHIJIAN. 2022.1

出版
发行　中国金融出版社

社址　北京市丰台区益泽路2号
市场开发部　（010）66024766，63805472，63439533（传真）
网 上 书 店　www.cfph.cn
（010）66024766，63372837（传真）
读者服务部　（010）66070833，62568380
邮编　100071
经销　新华书店
印刷　保利达印务有限公司
尺寸　175毫米×250毫米
印张　10
字数　150千
版次　2022年1月第1版
印次　2022年1月第1次印刷
定价　30.00元
ISBN 978 – 7 – 5220 – 1497 – 5
如出现印装错误本社负责调换　联系电话（010）63263947